KB056861

출발부터 귀국까지 8장면 70상황 해외여행 영어회화

출발부터 귀국까지 8장면 70상황

해외여행 영어회화

2020년 8월 27일 1판 2쇄 발행

저　　자　ITPLE 교재연구팀
발 행 자　정지숙
마 케 팅　김용환

발 행 처　(주)잇플ITPLE
주　　소　서울 동대문구 답십리로 264 성신빌딩 2층
전　　화　0502.600.4925
팩　　스　0502.600.4924
홈페이지　www.itpleinfo.com
이 메 일　itpleinfo@naver.com
카　　페　http://cafe.naver.com/arduinofun

파본은 구입한 서점에서 교환해 드립니다.

ISBN　979-11-90283-65-6　13740

출발부터 귀국까지

8장면 70상황

해외여행 영어회화

머리말

여행하는 것만큼 여행을 준비하는 시간 또한 설레고 기대됩니다. 일정이 정해지면 왠지 그날부터 마음만 바쁘고 무엇을 준비해야 할지 고민됩니다. 가장 먼저 여권을 살펴보겠죠! 여권과 비자 그리고 여행할 나라의 날씨도 살피고 옷과 세면도구. 세면도구는 호텔에도 있겠지만 비상용으로 챙기는 것이 좋아요. 항공권과 숙소도 예약하고 인터넷 검색으로 여행할 스케줄까지 모두 완벽하게 정리해 둔 것 같습니다.

자, 이제 준비할 것은 완벽하게 준비했네요. 그런데도 이 불안함은 무엇일까요? ^^

요즘은 너무나 잘 만든 앱도 많고 인터넷 검색으로 원하는 문장을 번역해서 찾아 주기도 하죠. 그런데도 보험처럼 꼭 챙겨가야 하는 것이 여행 포켓북입니다. 배터리가 없어서 핸드폰을 사용 못 할 경우에도, 무엇인가 검색할 여건이 되지 못할 상황에서도 언제든 상황별로 잘 정리되어 있는 포켓북 하나면 든든합니다.

이 책은 여행하는 모든 분께 출발에서 귀국까지 필요한 8장면 70 상황이 잘 정리되어 있어 당황하지 않고 즐거운 여행을 할 수 있습니다.

『8장면 70상황 해외여행 영어회화』와 함께 멋진 추억 쌓는 여행하세요^^

이 책의 특징

이 책은 영어를 전혀 몰라도 두려움 없이 외국 여행을 마음껏 즐길 수 있도록 하기 위해 구성한 해외여행 영어회화집입니다. 짧은 영어라도 한두 마디 자신의 의사를 표시하면 마음대로 즐길 수 있는 해외여행이 될 것입니다.

책의 순서는 여행의 순서에 따라 쉽게 참고하며 볼 수 있도록 출발부터 집으로 돌아올 때까지 8장면 70상황으로 구성해 그 상황에서 요긴하게 쓸 수 있게 되어 있습니다.

장마다 여행 순서대로

해외여행의 출발에서 집으로 돌아오기까지 순서에 따라 나누었습니다. 각 장은 다양한 세부사항에 따라 그때그때 활용할 수 있게 되어 있습니다.

짧은 문장으로 쉽게

이 책에 수록된 영어 표현은 상황마다 요긴하게 쓸 수 있는 것들이며, 특히 간단하고 중요한 표현들만 골라 쉽게 말할 수 있게 했습니다.

원어민 발음에 가까운 우리말 발음 표기

바르게 발음하지 않으면 통하지 않습니다. 발음의 우리말 표기는 미국식 영어 발음을 원칙으로 원어민의 발음과 가장 가깝게 발음을 달았습니다.

CONTENTS

해외 여행자를 위한 기본회화

CONTENTS

SCENE 1 준비와 탑승

SCENE 2 도착

CONTENTS

SCENE 3 호텔

CONTENTS

SCENE 4 식사

CONTENTS

SCENE 5 관광

CONTENTS

SCENE 6 교통수단

CONTENTS

SCENE 7 쇼핑

CONTENTS

SCENE 8 긴급상황

CONTENTS

부록 여행 회화 기본패턴

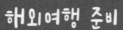

해외여행 준비

세부적인 점검

여행가방 꾸리기

여행지에서 사용할 큰 가방, 작은 가방, 벨트색 등 3종류의 가방을 중심으로 챙기는 것이 좋습니다. 큰 가방(배낭 여행자에게는 큰 배낭)은 일반 여행자에게는 하드케이스의 가방으로 이 가방에는 부피가 큰 옷, 속옷, 세면도구 등 호텔 등의 숙소에 두고 맡기고 다닐 짐을 넣습니다.

여행 준비물

중요한 것

여권, 항공권, 여행자 보험증, 여행자수표와 현금, 각종 증명서(유스호스텔증, 국제운전면허증, 국제학생증), 신용카드, 한국돈(출입국시 공항이용권 구입비 및 교통비), 복사본(여권, 항공권, 보험증) 예비용 사진(5~6매 정도).

생활용품 및 의류

속옷과 양말, 바지와 반바지(기후에 맞게), 스웨터와 점퍼, 일반 셔츠, 운동화, 구두, 샌들, 우산, 선글라스, 모자, 수영복, 수건, 세면도구, 비상약, 카메라, 건전지, 랜턴, 계산기(물가, 환율 계산), 면도기.

옷

평소 입던 편한 옷을 위주로 준비하고 출장일 경우는 정장도 필요합니다. 출장이 아니라도 정장 요구 식당 등의 출입을 위해 정장을 한 벌 정도 준비하는 것도 좋습니다.

해외여행 준비

☆세면도구

여행용 세면도구와 수건. 싼 호텔, 료칸, 민슈쿠나 유스호스텔에는 보통 구비되어 있지 않음. 드라이어, 화장품, 손톱깎기도 챙깁니다.

☆신발

걷기에 편한 것으로, 여름에는 샌들도 아주 편하지만, 배낭여행의 경우는 운동화를 신는 것이 좋겠지요.

☆우산

휴대하기 편한 것으로 준비.

☆작은 가방

항공기 내에 들고 탈 가방, 현지에서 여행 중에 들고 다닐 가방으로 필수적인 것들만 모아서 이용할 수 있도록 합니다.

☆여행 수첩

일정표와 환율표를 준비해 두고 여권번호, 비자 번호, 발행일, 발행지, 여행자수표 번호, 대사관 전화번호 등 긴급연락처 등을 적어둡니다.

☆신분증

신분증, 신분증 사본(사진도 같이 준비)

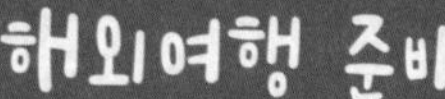

구급약

구급약으로 미리 소화제, 설사약, 항생 연고, 감기약 등을 준비해 가는 것이 좋습니다.

여행 정보 및 안내서

여행을 떠나기 전에 충분히 검토하고 필요한 것만 챙깁니다.

벨트색

영수증이나 간단한 지도 등을 넣어두는 곳으로 활용합니다.

목걸이 지갑

만일의 사태를 대비해서 목걸이 지갑 등을 준비하여 잃어버리면 여행을 망치게 되는 여권이나 항공권, 현금 등 중요한 물건을 보관합니다.

해외여행 준비

불의의 사고를 당했을 때를 대비하여 여행자 보험이 필요합니다. 특히 배낭 여행자인 경우 입원 등으로 많은 돈을 지출해야 할 경우 크게 도움이 됩니다. 따라서 여행 기간에는 보험에 들어 두는 게 좋습니다.

현재 국내 여행자 보험의 종류와 보상 내용은 비슷합니다. 여행사에서 싼 가격의 보험들을 취급하고 있으니까 이를 이용하도록 하고 가입 전에 반드시 계약 내용을 확인해 둡니다. 특히 계약 기간과 보상 내용, 그리고 현지 보상 여부를 확인해 두어야 하며 여행자 보험 증명서는 항상 휴대하고 다니는 것이 좋습니다.

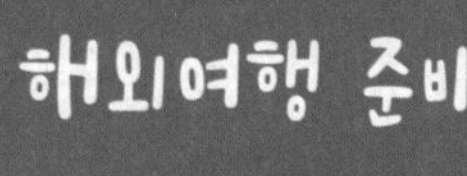

현금

필요한 경비 중 30~40%를 현금으로 환전하는 것이 적당. 현찰은 고액권과 소액권으로 나누어서 준비하는 것이 좋습니다. 또한 여러 나라를 여행할 경우에는 현지 통화를 준비하면 그때그때 환전할 필요가 없어서 편하게 여행을 즐길 수 있습니다.

신용카드

현금이 갑자기 필요할 때 현지 화폐로 현금 서비스를 받을 수 있기 때문에 준비하는 것이 좋습니다. 또한 쇼핑 후 할부로 결제할 수도 있습니다. 호텔이나 렌터카를 이용할 때는 신용증명 수단으로 쓰기도 합니다.

여행자 수표(Traveler's check)

해외여행 시 현금 대신 사용할 수 있는 수표. 호텔, 공항, 레스토랑, 상점 등에서 현금처럼 사용할 수 있으나 취급하지 않는 곳에서는 환전소에서 현금으로 재환전해야 합니다. 분실, 도난 시에도 재발행이 가능하기 때문에 여행자들이 많이 사용하고 있습니다.

해외여행 준비

여권, 비자

여권: 외국에서 여행을 할 수 있는 자격을 증명하는 서류

여권은 해외여행 할 때 필수적으로 준비해야 하는 준비물 1순위입니다. 외국을 여행하는데 정부가 발행해 주는 증명서입니다. 여권발급 구비서류는 신분증, 신청서, 여권용 사진 2매(사진은 6개월 이내 촬영한 사진) 18세 미만이거나 군 복무 중이면 구비서류가 약간 다르기 때문에 별도로 알아보는 것이 좋습니다.

비자: 국가가 외국인에 대하여 입국을 허가하는 증명서

방문 국가에 따라서 원하는 서류나 수수료가 약간씩 다르기 때문에 여행하려고 하는 나라에 대해서는 꼼꼼히 알아보는 것이 좋습니다.
대표적으로 비자가 필요한 나라는 미국, 캐나다, 인도, 베트남이 있습니다. 하지만 여권만으로도 세계 157개국을 여행할 수 있습니다.

요즘은 반려동물을 가족처럼 생각하는 사람들이 많습니다. 또한 해외 여행도 국내 여행 만큼이나 많이 하기 때문에 반려동물과 함께 해외여행을 어떻게 해야 하나 고민하는 분도 많습니다.
실제로 반려동물과 해외여행 하는 여행객도 꾸준히 증가하고 있고 반려동물과 함께 할 수 있는 여행 상품이 별도로 만들지는 추세에 있습니다.

반려동물과 여행할 때 필요한 사항이나 준비물

1) 간식, 평소에 먹던 사료, 그릇(접이식그릇)과 평소에 덮던 이불, 여행하는 곳 날씨에 따라 방한, 냉각 조끼 등 준비.

2) 케이지 무게 포함 5kg 미만(다만 항공사별로 차이가 있음으로 직접 전화해서 문의. 5kg를 초과하면 화물칸에 실어야 합니다. 화물칸는 45kg까지 가능하지만, 항공사별로 차이가 있을 수 있으니 직접 문의하는 것이 좋습니다. 화물칸으로 여행해야 할 경우에는 분실이 있을 수도 있으니 직항편을 이용하는 것이 좋습니다.

3) 반려동물과 투숙할 수 있는 호텔을 사전에 검색하여 호텔에 직접 전화 또는 메일을 보내서 확인.

4) 반려동물고 해외여행 시 필요한 서류는 우리나라에서는 수출허가서, 해외에서는 수입허가서를 발급받아야 합니다. 나라마다 구비서류가 약간씩 다릅니다. 동물병원에서 대행해 주는 경우도 있으니 동물병원의 도움을 받는 것도 좋습니다.

5) 장기여행으로 인한 스트레스를 줄여주기 위해 여행 전 공항 근처 공원 산책, 음식은 소량만 줍니다. 장기 여행으로 위장 장애가 올 수도 있습니다.

6) 장거리 여행 시 케이지에 오랫동안 있어야 하므로 케이지를 싫어하는 반려동물은 케이지에 들어가 있는 시간을 사전에 연습하면 좋습니다.

7) 케이지에 꼭 영문으로 반려동물의 이름과 연락처를 남긴 네임텍을 만듭니다.

8) 호텔에서는 외부인이 갑자기 들어와서 반려동물이 스트레스를 받을 수 있으니까 입구에 안내문을 써 놓는 것이 습니다.

급하게 여행 갈 때

환전

인천공항 24시간 환전소를 이용. 약간 가격이 높을 수도 있으나 당황하지 말고 이용하세요.

공항에서 밤을 새워야 하는 경우

공항의 캡슐 호텔을 이용하세요.

여권 분실

긴급여권발급은 여권민원센터(032-740-2777~8)에서. 물론 사진도 즉석 사진으로 찍으면 되지만 여분의 사진을 준비하는 게 좋습니다. 여권사진, 신분증, 티켓, 긴급함을 증명할 수 있는 서류 등이 필요합니다.

주차 대행 서비스

제1 여객터미널 교통센터 1층 서편(단기 주차장 지상층 C구역 내). 요금발생하나 시간이 급할 경우에 이용하면 편리합니다.

나라별 쇼핑 세일 기간

해외 여행할 때 꼭 스케줄에 포함되는 것이 쇼핑이 아닐까 합니다. 나라별 쇼핑 관련된 세일기간을 알고 가면 좋습니다.

미국 : 블랙프라이데이

전 세계인이 모두 알고 있는 블랙프라이데이에는 정말 세일을 많이 합니다.

블랙프라이데이는 미국의 추석이라 할 수 있는 추수감사절이 있는 금요일에 진행이 되는 세일입니다. 이날은 쇼핑몰 오픈하는 시간이 새벽부터 진행되므로 좋은 기회가 될 수 있습니다.

영국 : 박싱데이와 썸머빅세일

크리스마스 다음 날부터 연말까지 진행됩니다. 박싱데이는 가난한 계층에게 도움을 주고자 세일 폭이 크다고 합니다. 썸머 빅세일은 주로 명품 브랜드 위주로 세일합니다.

프랑스 : 1월 중순부터 2월 둘째 주까지

프랑스의 명품 브랜드를 이 기간에 구입하면 저렴하게 구입할 수 있습니다. 인기가 많은 제품은 조기에 품절되는 경우가 많습니다.

스페인 : 여름7월 초~8월 말, 겨울 1월 초~3월 초

스페인의 유명한 브랜드를 이 기간에 저렴하게 구입할 수 있습니다.

홍콩 : 6월 말부터 8월, 12월~2월

겨울에는 세일 폭이 90%에 가깝게도 진행합니다.

싱가포르 : 5월말~7월

약 2달간의 세일기간 동안 의류뿐만 아니라 전자제품부터 폭넓게 세일을 합니다. 이 기간에는 쇼핑 세일뿐만 아니라 먹거리 까지 축제 분위기를 즐길 수 있습니다.

그 이외의 나라에서도 1년에 한두 번씩은 빅 세일을 하고 있습니다. 여행하고자 하는 나라의 세일 기간을 알고 가면 좋습니다.

비행기 좌석 용어

Seat 씨잇
선반
rack
랙
담요
blanket
블랭킷
베개
pillow
필로우
테이블
table
테이버
등받이 버튼
reclining button
리클라이-닝 버튼
좌석벨트 seat belt 씨잇 벨트

화장실 용어

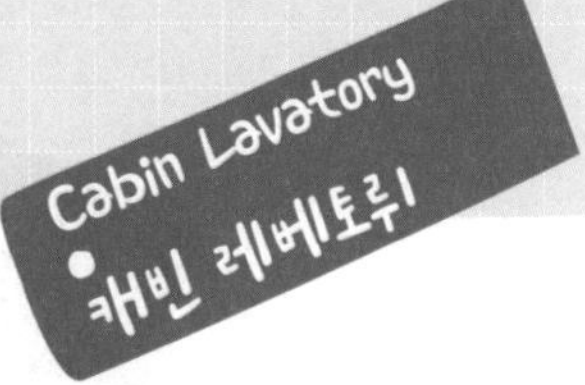

사용중Occupied아큐파이드

비어 있음 Vacant베이컨트

종이컵paper cup페이퍼 컵

화장품cosmetics 커즈메릭스

수도꼭지faucet풔씻

비상버튼emergency button 이머전씨 버튼

전등스위치light switch라잇 스위취

오물처리통disposal box 디스포우절 박스

종이타월paper towel페이퍼 타우월

멀미봉지air-sickness bag 에어 씩크니스 백

생리대sanitary napkin 쌔-니터뤼 내프킨

화장지 toilet paper토일럿 페이퍼

변기의자toilet seat 토일럿 씨잇

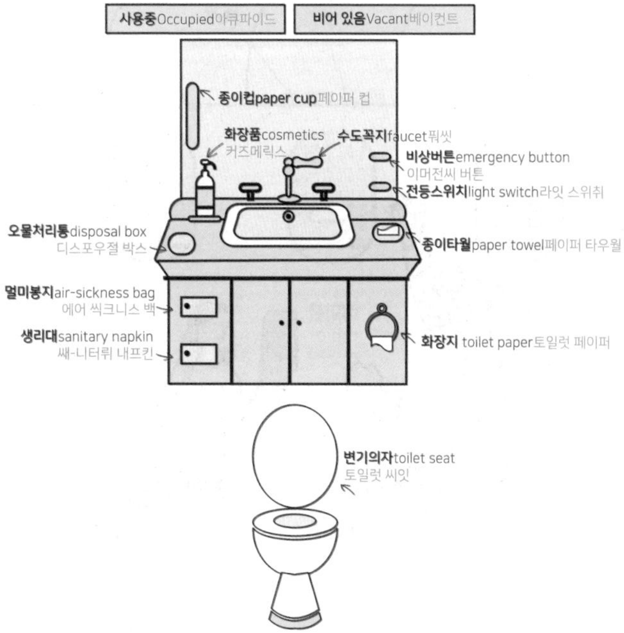

미국 전도와 각 주의 이름 및 주도의 이름

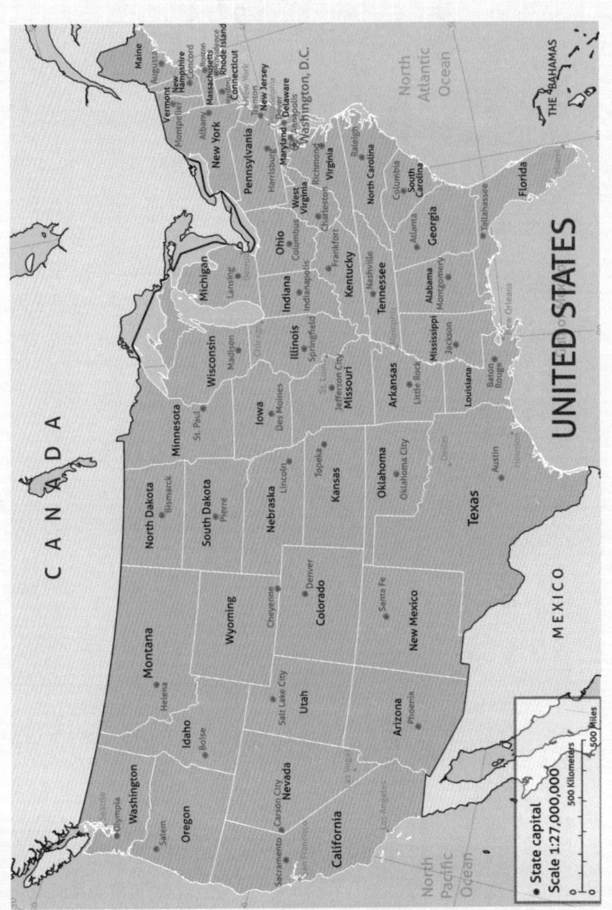

미국 전도와 각 주의 이름 및 주도의 이름

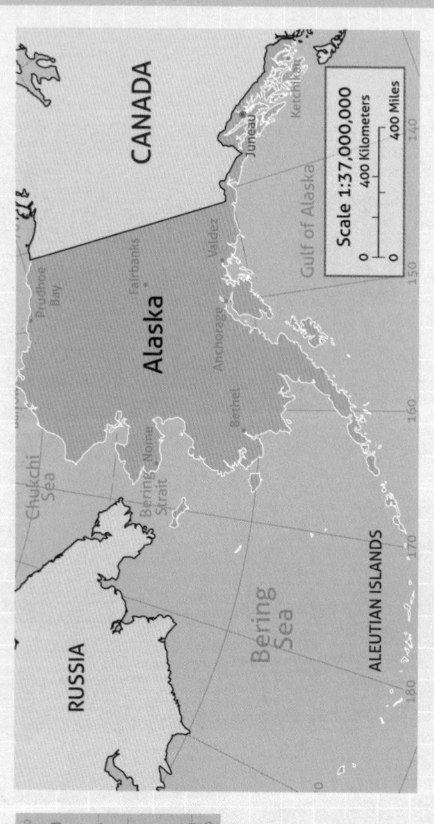

해외여행자를 위한
기본회화

Contents

기본 회화

01 인사

Point 1 맞춤 표현

안녕하세요.

Good morning (Good afternoon, Good evening)!

굳 모어-닝↘(그래프터-누운↘, 그리브니닝↘)

만나서 정말 반가웠습니다.

It was so nice seeing you.

잇 워즈 쏘 나이스 씨잉 유↘

안녕히 가세요(계세요).

Good Bye!

굳 바이↘

Point 2 유용하게 쓸 수 있는 표현

☐ 처음 뵙겠습니다, 화이트씨.

How do you do, Mr. White?

하우 드유두 미스터 와잇↘

☐ 안녕하세요.

Hello / Hi.

헬로우↘ / 하이↘

☐ 만나서 반갑습니다.

Nice to meet you.

나이스 트 미츄↘

☐ 여행은 어떻습니까?

How's your trip?

하우져- 유어 츄립↘

☐ **별고 없으세요?**

How are you?

하우 아- 유↘

☐ **잘 지내고 있어요. 당신은요?**

Fine, thank you. And you?

퐈인 땡큐 앤드 유↗

☐ **어떻게 지내셨어요?**

How have you been?

하우 해뷰 빈-↘

☐ **어디에서 오셨어요?**

Where are you from?

웨어- 아류 프럼↘

☐ **한국에서 왔습니다.**

I'm from Korea.

암 프럼 커뤼아↘

☐ **저, 이제 가봐야겠어요.**

Well, I better be going.

웰 아이 베러비 고잉↘

☐ **서로 연락합시다.**

Let's keep in touch.

레츠 킵인 터취↘

☐ **다음에 봐요.**

See you later.

씨-유 레이러↘

기본 회화

02 감사할 때, 사과할 때

Point 1 맞춤 표현

대단히 감사합니다.
Thank you very much.
땡큐 베뤼 마취

천만에요.
You're welcome.
유어- 웨어컴

정말 미안합니다.
I'm really sorry.
암 륄리 싸뤼

Point 2 유용하게 쓸 수 있는 표현

☐ 정말 감사합니다.
It's very kind of you.
이츠 베뤼 카인더뷰

☐ 그래 주시면 정말 감사하겠습니다.
I'd really appreciate it.
아이드 륄리 어프리쉬에릿

☐ 어떻게 감사를 드려야 할 지 모르겠어요.
How can I ever thank you?
하우 캔 아이 에버- 땡큐

☐ 폐를 끼쳐 미안합니다.
I'm sorry to trouble you.
아임 싸뤼 트 츄러블 유

□ 괜찮아요.

That's all right.

대츠 오어 롸잇↘

□ 당신 잘못이 아닙니다.

It's not your fault.

이츠 낫 유어- 포어트↘

□ 제 잘못이 아닙니다.

It's not my fault.

이츠 낫 마이 포어트↘

□ 그럴 의사는 없었습니다.

I really didn't mean it.

아이 뤼리 디든 민잇↘

□ 용서해 주세요.

Please forgive me.

플리이스 퍼깁미↘

□ 대화를 방해해서 죄송합니다.

Excuse me for interrupting you.

엑스큐스미 퍼 인터럽팅뉴↘

정보 뱅크

감사할 때는 Thank you (very much).라고 말합니다. 감사의 인사에 대한 대답할 때는 You're welcome.이라고 하는 것이 일반적입니다.

I'm sorry.는 책임이 자신에게 있다는 것을 인정하는 것이므로 잘못을 한 뒤에만 사용합니다. 가벼운 양해를 구할 때는 Excuse me.를 사용합니다.

기본 회화

03 말을 알아들을 수 없을 때

Point 1 맞춤 표현

좀 더 천천히 말해 주세요.
Speak more slowly, please.
스피익 모어- 슬로울리 플리이스↘

당신 말을 이해할 수 없습니다.
I can't understand you.
아이 캔 안더스탠-드 유↘

그건 무슨 뜻입니까?
What do you mean by that?
와류 미인 바이 댓↘

Point 2 유용하게 쓸 수 있는 표현

☐ 뭐라고 하셨어요?
Excuse me?
엑스큐스미↗

☐ 다시 한 번 말씀해 주시겠어요?
I beg your pardon?
아이 벡 유어 파든↗

☐ 그걸 다시 한 번 말씀해 주세요.
Please say that again.
플리이스 쎄이 댓 어겐↘

☐ 영어는 잘 못합니다.
I only speak a little English.
아이 오운리 스피익 얼리러 잉글리쉬↘

☐ 잠깐만 기다려 주세요.

Just a moment.

줘스터 모우멘트↘

☐ 이해하지 못하겠어요.

I don't follow you.

아이 돈 팔러우유↘

☐ 여기 이 보턴 말입니까?

Do you mean this button here?

드유 미인 디스 버튼 히어-↗

☐ 그걸 쉬운 말로 다시 좀 말씀해 주세요.

Please say it again in plain language.

플리이스 쎄이 잇 어겐 인 플레인 랭기쥐↘

☐ 좀 적어 주세요.

Write it down, please.

롸이릿 다운 플리이스↘

☐ 이해하시겠어요?

Do you understand me?

드유 안더스-탠 미↗

☐ 알겠습니다. 이제 됐습니다.

I see, that's good enough.

아이 씨- 대츠 귿 이나프↘

기본 회화

04 간단한 질문과 대답

Point 1 맞춤 표현

정말이에요?/그래요?
Really?
뤼얼리↗

네/아뇨.
Yes. / No.
예스↘ / 노우↘

알겠습니다.
I see.
아이 씨-↘

Point 2 유용하게 쓸 수 있는 표현

☐ ~은 어디입니까?

Where is ~?

웨어 리스-↘

☐ 얼마입니까?

How much is it?

하우 머취 이즈잇↘

☐ ~가 있습니까?

Is(Are) there ~?

이즈(아-) 데어-↗

☐ ~을 찾고 있는데요.

I'm looking for ~.

아임 룩킹 퍼-↘

☐ **이것을 영어로 뭐라고 합니까?**

What do you call this in English?

왓 드유 커어 디신 잉글리쉬↘

☐ **무슨 말씀인지 알겠습니다.**

I understand what you mean.

아이 안더-스탠 와츄 미인↘

☐ **누구에게 물어보면 됩니까?**

Whom should I ask?

훔- 슈다이 애스크↘

☐ **언제?**

When?

웬↗

☐ **왜?**

Why?

와이↗

☐ **몇 시에?**

What time?

왓 타임↗

☐ (시간) **얼마나**

How long?

하우 롱↗

☐ (수, 양) **얼마나**

How many? / How much?

하우 매니- / 하우 머취↗

기본 회화

05 시간, 날짜, 요일

Point 1 맞춤 표현

지금 몇 시입니까?
What time is it now?
왓 타임 이짓 나우↘

오늘 며칠입니까?
What's date today?
와츠 데잇 트데이↘

오늘 무슨 요일입니까?
What day is today?
왓 데이 이스 트데이↘

Point 2 유용하게 쓸 수 있는 표현

☐ 실례합니다. 몇 시인지 가르쳐 주시겠어요?
Excuse me. Can you tell me the time?
엑스큐스미↘. 캐뉴 테얼미 더 타임↗

☐ 당신 시계로 몇 시입니까?
What does your watch say?
왓 더즈 유어 와취 쎄이↘

☐ 제 시계는 7시 30분입니다.
My watch says seven thirty.
마이 와취 쎄즈 쎄븐 써리↘

☐ 오늘이 23일 맞습니까?
Today is 23rd, right?
트데이 이즈 트웨니 써드 롸잇↗

☐ 오늘이 무슨 날입니까?

What's the occasion?

와츠디 어케이젼↘

☐ 오늘은 무슨 휴일입니까?

What holiday is it today?

왓 할리데- 이즈잇 트데이↘

☐ 일요일입니다.

It's Sunday.

이츠 썬데이↘

☐ 몇 월입니까?

What month is it?

왓 먼쓰 이짓↘

어휘 뱅크

■ 요일

▶ 일요일 **Sunday** 썬데이 ▶ 월요일 **Monday** 몬데이 ▶ 화요일 **Tuesday** 튜즈데이

▶ 수요일 **Wednesday** 웬즈데이 ▶ 목요일 **Thursday** 써-즈데이

▶ 금요일 **Friday** 프라이데이 ▶ 토요일 **Saturday** 쌔러데이

▶ 그제께 **the day before yesterday** 더 데이 비포 예스터데이

▶ 어제 **yesterday** 예스터데이 ▶ 오늘 **today** 트데이 ▶ 내일 **tomorrow** 투모로우

▶ 모레 **the day after tomorrow** 더 데이 애프터 투모로우 ▶ 달 **month** 먼쓰

▶ 주 **week** 위-크 ▶ 주중 **weekday** 위-크데이 ▶ 주말 **weekend** 위-크엔드

■ 월

▶ 1월 **January** 재뉴어리 ▶ 2월 **February** 페브러리 ▶ 3월 **March** 마-치

▶ 4월 **April** 에이프릴 ▶ 5월 **May** 메이 ▶ 6월 **June** 준 ▶ 7월 **July** 줄라이

▶ 8월 **August** 오-거스트 ▶ 9월 **September** 셉템버 ▶ 10월 **October** 옥토버

▶ 11월 **November** 노벰버 ▶ 12월 **December** 디셈버

▶ 지난달 **last month** 래-스트 먼쓰 ▶ 다음달 **next month** 넥스트 먼쓰

기본 회화

06 개인 신상

Point 1 맞춤 표현

가족은 몇입니까?

How many people are there in your family?

하매니 피이퍼 아- 데어 인 유어 패밀리↘

사시는 곳이 어디입니까?

Where do you live?

웨어 드유 립↘

나이를 물어도 되겠습니까?

May I ask how old you are?

매아이 애스크 하우 오울 유 아-↗

Point 2 유용하게 쓸 수 있는 표현

☐ 아이들은 몇이나 두셨어요?

How many children do you have?

하매니 췰드런 드유햅-↘

☐ 아들 하나와 딸 둘입니다.

I have a boy and two girls.

아이 해버- 보이 앤 투- 걸스↘

☐ 형제는 어떻게 됩니까?

How many brothers and sisters do you have?

하매니 브러더즈 앤 씨스터즈 드유햅-↘

☐ 결혼하셨어요?

Are you married?

아- 유 매리드↗

☐ 언제 결혼하셨습니까?

When did you get married?

웬 디쥬 겟 매리드↘

☐ 대학에서 무얼 전공했습니까?

What was your major at college?

왓 워즈 유어- 매이저- 앳 칼리쥐↘

☐ 몇 학년입니까?

What year are you in?

왓 이어- 아류 인↘

☐ 국적이 어디입니까?

What's your nationality?

와츠 유어 내-션넬라티↘

☐ 고향이 어디입니까?

Where are you from?

웨어아- 류 프람↘

☐ 주소를 알려 주실 수 있습니까?

Could I have your address?

크다이 해뷰어 애쥬레스↗

어휘 뱅크

■ 직업

▶ 사무원 **clerk** 클락 ▶ 노동자 **worker** 워어커 ▶ 농민 **farmer** 파아머
▶ 의사 **doctor** 닥터 ▶ 간호사 **nurse** 널-쓰 ▶ 요리사 **cook** 쿡-
▶ 운전사 **driver** 쥬라이버 ▶ 조종사 **pilot** 파일럿 ▶ 기술자 **engineer** 엔쥐니어
▶ 목수 **carpenter** 카-펜터 ▶ 미장공 **brick layer** 브릭 레이어 ▶ 작가 **writer** 롸이러
▶ 예술가 **artist** 아-리스트 ▶ 화가 **painter** 패인터 ▶ 가수 **singer** 씽어
▶ 선수 **athlete** 아-쓰럿

기본 회화

07 날씨, 계절

Point 1 맞춤 표현

오늘 날씨 정말 좋지요?
It's a nice day today, isn't it?
이처- 나이스 데이 트데이 이즈닛↗

뉴욕 날씨는 어떻습니까?
What's the weather like in New York?
와츠 더 웨더 라익 인 뉴-욕↘

정말 덥(춥)군요.
It's terribly hot(cold).
이츠 테르블리 핫(코울드)↘

Point 2 유용하게 쓸 수 있는 표현

☐ 오늘 날씨는 어때요?
How's the weather today?
하우스 더 웨더 트데이↘

☐ 지금 몇 도입니까?
What's the temperature now?
와츠 더 템퍼-쳐 나우↘

☐ 영상 2도입니다.
It's two degrees above zero.
이츠 투 디그리스 어법- 지로우↘

☐ 일기예보에서 오늘 날씨는 어떻다고 했습니까?
What did the weatherman say today?
왓디드 더 웨더맨 쎄이 트데이↘

☐ **날씨 정말 좋다!**

What a beautiful day!

와러 뷰-리플 데이↘

☐ **비가 와요.**

It's rainy.

이츠 레이니↘

☐ **이곳은 눈이 자주 와요.**

It often snows here.

잇 어-픈 스노우즈 히어-↘

☐ **에어컨 좀 세게 틀어 주시겠어요?**

Could you turn up the air conditioner?

크쥬 턴-업 디 에어- 컨디셔너↗

☐ **어느 계절을 가장 좋아하십니까?**

Which season do you like best?

위치 씨-즌 드유 라익 베스트↘

☐ **우산은 휴대품보관소에 맡겨 주세요.**

Check your umbrella at the cloakroom, please.

첵 유어 엄브렐-러 앳 더 클록루움- 플리이스↘

어휘 뱅크

■ 계절

▶ 봄 **spring** 스프링 ▶ 여름 **summer** 써머 ▶ 가을 **fall** 폴 ▶ 겨울 **winter** 윈터

■ 날씨

▶ 덥다 **hot** 핫 ▶ 춥다 **cold** 코울드 ▶ 무덥다 **sultry** 썰-트리
▶ 따뜻하다 **warm** 워엄 ▶ 포근하다 **mild** 마일드 ▶ 선선하다 **cool** 쿠울
▶ 서늘하다 **chilly** 췰리 ▶ 기후 **climate** 클라이밋 ▶ 맑음 **fine day** 화인 데이
▶ 흐림 **cloudy day** 클라우디 데이 ▶ 바람 **wind** 윈드 ▶ 비 **rain** 레인
▶ 안개 **fog** 포-그 ▶ 눈 **snow** 스노우 ▶ 소나기 **shower** 샤워 ▶ 서리 **frost** 프로스트

● 숫자 읽는 법

/ 앞은 기수, / 뒤는 서수를 나타냅니다.

0 **zero**지이뤄우
1 **one/first**원/풔-스트
2 **two/second**튜/쎄컨
3 **three/third**뜨뤼이/떠-드
4 **four/fourth**풔어-/풔어-쓰
5 **five/fifth**퐈이브/핍쓰
6 **six/sixth**씩스/씩쓰
7 **seven/seventh**쎄븐/쎄븐쓰
8 **eight/eighth**에잇/에잇쓰
9 **nine/ninth**나인/나인쓰
10 **ten/tenth**텐/텐쓰
11 **eleven/eleventh**일레븐/일레븐쓰
12 **twelve/twelfth**트웨어브/트웨업쓰
13 **thirteen/thirteenth**써-틴/써-틴쓰
14 **fourteen/fourteenth**풔-틴/풔-틴쓰
15 **fifteen/fifteenth**퓌프틴/퓌프틴쓰
16 **sixteen/sixteenth**씩스틴/씩스틴쓰
17 **seventeen/seventeenth**쎄븐틴/쎄븐틴쓰
18 **eighteen/eighteenth**에잇틴/에잇틴쓰
19 **nineteen/nineteenth**나인틴/나인틴쓰
20 **twenty/twentieth**트웨니/트웨니쓰

21 **twenty-one/twenty-first**
트웨니원/트웨니 풔-스트
30 **thirty/thirtieth**떠-리/떠-리쓰
40 **forty/fortieth**풔-리/풔-리쓰
50 **fifty/fiftieth**퓌프티/퓌프티이쓰
60 **sixty/sixtieth**씩스티/씩스티이쓰
70 **seventy/seventieth**쎄브니/쎄브니이쓰
80 **eighty/eightieth**에이리/에이리이쓰
90 **ninety/ninetieth**나이니/나이니이쓰
100 **hundred/hundredth**헌쥬륏/헌쥬륏쓰
200 **two hundred/two hundredth**
튜 헌쥬릿/튜 헌쥬륏쓰
1,000 **thousand/thousandth**따우전/따우전쓰
5,000 **five thousand**퐈이브 따우전
10,000 **ten thousand**텐 따우전
20,000 **twenty thousand**트웨니 따우전
100,000 **one hundred thousand**원 헌쥬륏 따우전
1,000,000 **one million**원 밀리언
2,000,000 **two million**튜 밀리언

● 배수, 분수 읽는 법

2배 **twice/two times**트와이스/튜 타임즈
3배 **triple/three times**츄뤼퍼/뜨뤼이 타임즈

1/2 **a half**어해프
1/3 **one-third**원떠-드
1/4 **a quarter**어 쿼-러-
1/5 **one fifth**원 핍쓰
3/4 **three quarters**뜨뤼이 쿼-러-즈
1/10 **one-tenth**원 텐쓰

한 번 **once**원스
두 번 **twice/two times**트와이스/튜 타임스
세 번 **three times**뜨뤼이 타임스

1다스 **one dozen**원 더즌
2다스 **two dozen**튜 더즌

SCENE

01

준비와 탑승

Contents

01 항공권 예약

Point 1 맞춤 표현

뉴욕행 비행편을 예약하고 싶습니다.
I want to make a reservation to New York.
아이 원-트 메익커 뤠져베이션 투 뉴-욕↘

몇 시에 체크인 해야 합니까?
At what time should I check in?
앳 왓 타임 슈다이 췌크인↘

어느 편에 탈 수 있습니까?
Which flight can I take?
위치 플라잇 캐나이 테익↘

Point 2 유용하게 쓸 수 있는 표현

☐ 언제입니까?
When is it?
웨니스 잇↘

☐ 7월 20일입니다.
July, 20th
줄라이 트웨티-쓰↘

☐ 몇 편입니까?
What is the flight No.?
와리스 더 플라잇 넘버↘

☐ 항공사는 어디입니까?
What is the carrier?
와리스 더 캐리어↘

☐ 요금은 얼마입니까?

What's the fare?

와츠 더 패어↘

☐ 어린이 왕복요금은 얼마입니까?

How much is it a round-trip ticket for children?

하우머치 이짓 어 롸운츄립 티킷 풔 췰드런↘

☐ 논스톱편은 없습니까?

Do you have any nonstop flights?

드유햅 에니 난스탑 플라이츠↗

☐ 6월 25일 대기자 명단에 올려 주세요.

Put me on your waiting list for June 25th, please.

풋미안 유어 웨이링 리스트 풔 준- 트웨티 핍쓰 플리이스↘

☐ 요금이 좀 더 싼 항공권은 없습니까?

Do you have any cheaper tickets?

드유햅 에니 취이퍼- 티키츠↗

☐ 일반석으로 하시겠습니까, 1등석으로 하시겠습니까?

Do you want economy class or first class?

드유 원- 이커너미 클래스 오어- 퍼스트 클래스↘

☐ 수요일 예약은 가능합니다.

We can book you for Wednesday.

위 캔 북- 유 풔 웬즈데이↘

어휘 뱅크

▶ 비행기표 **airline ticket** 에얼라인 티킷 ▶ 탑승권 **boarding pass** 보어-딩 패스
▶ 좌석 **seat** 씨잇 ▶ 좌석번호 **seat number** 씨잇 넘버-
▶ 금연석 **non-smoking seat** 난스모우킹 씨잇 ▶ 흡연석 **smoking seat** 스모우킹 씨잇
▶ 통로석 **aisle seat** 아이어 씨잇 ▶ 창측석 **window seat** 윈도우 씨잇

1. 준비와 탑승

02 예약재확인

Point 1 맞춤 표현

예약재확인(리컨펌)을 부탁합니다.
I want to reconfirm my reservation.
아이 원-트 리컨펌- 마이 뤠저베이션↘

8월 20일 금요일, 서울까지입니다.
To Seoul, on August 20th, Wednesday.
투 쏘울 안 오-거스트 트웨티-쓰 웬즈데이↘

이름은 김수철입니다.
My name is Suchul Kim.
마이 네임 이스 수철 킴↘

Point 2 유용하게 쓸 수 있는 표현

☐ 여보세요, 노스웨스트 항공입니까?

Hello, is this Northwest Airlines?

헬로우 이스 디스 노-쓰 웨스트 에얼라인스↗

☐ 몇 편입니까?

What's the flight No.?

와츠 더 플라잇 넘버↘

☐ 제 이름이 명단에 있습니까?

Is my name on the list?

이스 마이 네임 안 더 리스트↗

☐ 좋습니다, 당신 비행편을 재확인했습니다.

OK, your flight has been confirmed.

오케이 유어 플라잇 해즈빈- 컨펌-드↘

□ 몇 시에 체크인 해야 합니까?

At what time should I check in?

앳 왓타임 슈다이 췌크인↘

□ 당신 성함을 말씀해 주시겠어요?

Can I have your name, please?

캐나이 햅 유어 네임 플리이스↗

정보 뱅크

항공 관련 용어

- **Boarding Pass**(보-딩 패스): 탑승권. 탑승구, 탑승시간, 좌석번호 등이 기재되어 있음.
- **Boarding Time**(보-딩 타임): 비행기가 승객을 탑승시킬 준비가 완료되고 예정된 시간에 항공기가 이륙할 수 있도록 승객이 탑승을 시작해야 하는 시간(탑승시간).
- **Baggage Claim**(베-기쥐 클래임): 목적지에 도착하여 승객이 자신이 탁송한 수하물을 찾을 수 있도록 승객에게 주어진 번호가 적힌 영수증(짐표).
- **Baggage Tag**(베-기쥐 택-): 수하물에 달린 꼬리표로 승객의 목적지, 항공편, Baggage Claim 번호 등이 적혀 있음.
- **Endorsement**(인도-스먼트): 한 항공사로 여행하도록 발권된 항공권이 다른 항공사로 여행할 수 있도록 양도를 허용하는 행위(양도허용).
- **PNR**(PASSENGER NAME RECORD): 승객의 이름, 여정, 연락처 등이 기록된 예약 기록.
- **Overbook**(오우버북): 판매 가능한 좌석수 보다 많은 수가 예약되어 있는 것.
- **Priority**(프라이오리티): 예약 대기자의 우선순위(1부터 7까지), Ticket 상에 기록되는 Standby 순위.
- **Go Show**(고우 쇼우): 예약을 하지 않거나 대기자 명단에 있는 승객으로 항공기 탑승을 위해 공항에 나타난 승객.
- **No Show**(노우 쇼우): 예약이 확정된 승객이 예약 취소 없이 공항에 나타나지 않는 것.
- **Waiting Close**(웨이팅 클로우스): 예약업무에 이어서 대기자 예약도 받을 수 없을 만큼 좌석상태가 심각하게 포화 예약되어 있을 때 더 이상의 예약을 받을 수 없음을 나타내는 말.
- **Lost & Found**(로-스텐 퐈운드): 수하물의 분실물 처리와 찾은 짐을 승객에게 연결시켜 주는 일.
- **Piece System**(피쓰 씨스템): 승객의 탑승수속시 수하물의 계산을 짐의 개수로 기준하는 제도로 주로 태평양 횡단노선에 적용
- **Weight System**(웨잇 씨스템): 승객의 수하물을 무게로 계산하는 제도.
- **Stop Over**(스탑- 오우버): 중간기착지라는 의미로 보통 24시간 이상 체류할 경우 Transit 항공기를 갈아타는 일에 파생되는 포괄적 용어, 공항 밖으로 나가지 않고 면세구역 내에서 항공기를 갈아타기 위해 대기하는 통과여객

03 탑승수속

Point 1 맞춤 표현

노스웨스트 항공 카운터는 어디입니까?
Where is the Northwest counter?
웨어리스 더 노-쓰웨스트 카운터↘

창측 좌석을 주세요.
A window seat, please.
어 윈도우 씨잇 플리이스↘

36번 게이트로 가는 길을 안내해 주시겠어요?
Could you direct me to gate 36?
크쥬 드렉트 미 트 게잇 써-리 씩스↗

Point 2 유용하게 쓸 수 있는 표현

☐ 뉴욕까지 부탁합니다.
To New York, please.
투 뉴-욕 플리이스↘

☐ 짐은 몇 개입니까?
How many pieces of baggage do you have?
하매니 피씨-스 어브 배-기쥐 드유햅-↘

☐ 탑승시간은 몇 시입니까?
When is the boarding time?
웨니스 더 보-링 타임↘

☐ 몇 번 게이트입니까?
What is the gate number?
와리즈 더 게잇 넘버↘

☐ 이것들은 현상하지 않은 필름입니다.

There are undeveloped films.

데어러- 언디벨롭 퓌엄스↘

☐ X선 검사는 하지 말아 주세요.

Please don't X-ray.

플리이스 돈 엑쓰뤠이↘

☐ 손으로 검사해 주세요.

Hand check, please.

핸-첵 플리이스↘

☐ 이 비행기는 정시에 출발합니까?

Will this flight leave on time?

윌 디스 플라잇 립- 안 타임↗

☐ 손님의 짐은 허용범위를 초과합니다. 추가요금은 30달러입니다.

Your baggage exceeds the limit. The extra charge is 30 dollars.

유어 배-기쥐 익씨- 더 리밋↘. 디 엑스츄러 촤쥐 이스 쌔리 달라스↘

정보 뱅크

여행가방의 크기와 무게

비행기에 맡길 수 있는 짐은 행선지와 클래스에 따라 다릅니다. 보통 미주 노선인 경우 기본 허용량은 23kg, 개수는 두 개까지입니다. 유럽과 동남아 노선은 보통 20kg가 기본 허용량입니다. 이 무게를 초과할 때는 별도의 추가요금을 내야 합니다.

비행기 내에 반입할 수 있는 짐은 좌석 밑에 들어갈 수 있는 10kg 이내의 것과 노트북과 서류가방 정도만 허용됩니다. 이것보다 큰 짐은 출국 수속 때 따로 보내야 합니다.

04 기내에서

Point 1 맞춤 표현

저 빈 자리로 옮겨도 되겠습니까?
Can I move to that vacant seat?
캐나이 무웁 트 댓 베이컨 씨잇↗

오렌지 주스 한 잔 더 주세요.
Another orange juice, please.
어나더- 어륀쥬-스 플리이스↘

비행기 멀미약 있습니까?
Do you have medicine for air-sickness?
드유 햅 메러슨 풔- 에어씩니스↗

Point 2 유용하게 쓸 수 있는 표현

☐ (스튜어디스에게) **실례합니다!**

Excuse me!
엑스큐스미↘

☐ (스튜어디스) **음료는 무얼 드시겠습니까?**

What would you like to drink?
왓 으쥬 라익 트 쥬륑크↘

☐ **맥주 있습니까?**

Do you have beer?
드유 햅 비어-↗

☐ **어떤 브랜드가 있습니까?**

What kind do you have?
왓 카인 드유 햅↘

☐ (스튜어디스) 닭고기를 드시겠습니까, 소고기를 드시겠습니까?

Chicken or beef?

취킨 오어- 비이프↘

☐ 소고기로 주십시오.

Beef, please.

비이프 플리이스↘

☐ 식사 전에 깨워 주세요.

Wake me up before meals.

웨익미 압 비포어- 미어스↘

☐ 한국어 잡지 있습니까?

Do you have Korean magazines?

드유 햅 커뤼언 매거진스↗

☐ 담배는 어떤 게 있습니까?

What kind of cigarettes do you have?

왓 카인덥 씨거렛츠 드유 햅↘

☐ (면세품 사진을 가리키며) 이것 있습니까?

Do you have this?

드유 햅 디스↗

☐ 신용카드 됩니까?

Do you accept credit cards?

드유 액셉 크뤠릿 카-즈↗

어휘 뱅크

▶ 빈자리 **vacant seat** 베이컨 씨잇 ▶ 멀미봉지 **sickness bag** 씩니스 백
▶ 베개 **pillow** 필로우 ▶ 담요 **blanket** 블랭킷 ▶ 이륙 **take-off** 테이코프
▶ 착륙 **landing** 랜딩 ▶ 도착 **arrival** 어롸이버어 ▶ 출국 **departure** 디파-춰-
▶ 승무원 **flight attendant** 플라잇 어텐던트 ▶ 객실 **cabin** 캐빈
▶ 비상구 **emergency exit** 이머-전씨 에그짓 ▶ 이어폰 **earphone** 이어-포운

준비와 탑승

비행기 체크인

비행기 출발 2시간 전에 공항에 도착해야 합니다.

1 항공사 카운터로

예약해 놓은 항공사로 가서 여권과 항공권을 주고 탑승권(boarding pass)을 받습니다. 이 때 항공사 직원에게 희망하는 좌석을 부탁합니다. 짐을 탁송하고 탁송표(claim tag)를 받고 출입국신고서를 써서 잘 보관합니다.

2 출국수속

줄을 서서 들어 갑니다. 보안검사를 위해 주머니에 있는 소지품을 꺼내 검사를 받습니다. 검사대를 통과한 후에 귀중품은 신고를 해 두어야 합니다. 출입국 심사를 위해 여권과 출입국 신고서를 제출합니다.

3 탑승

탑승권에 기재된 탑승구에 가서 대기합니다. 시간이 허용하는 범위에서 이곳에 있는 면세점에서 면세품을 구입하거나 구경할 수도 있습니다.

항공권

보통 항공사나 여행사에서 받는 항공권에는 다음의 그림에 있는 것과 같은 내용이 들어 있습니다. 항공권은 경유지에 따라 4장에서 2장으로 이루어지고, 항공권 한 장으로 좌석 배정이 되어 있는 탑승권을 받을 수 있어 경유지에 따라 4장에서 2장의 탑승권를 받을 수 있습니다.

항공여행시 주의사항

예약된 항공권을 가진 승객이라도 출발 72시간 전에 '예약재확인(Reconfirmation)' 을 해야 합니다. 이를 하지 않았을 때는 항공사 임의대로 예약이 취소되는 경우가 있으므로 주의해야 합니다.

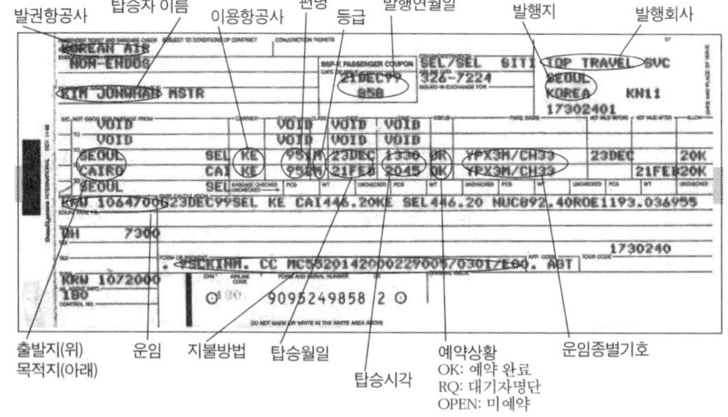

SCENE

02

도착

Contents

입국수속 절차

1 ARRIVAL 도착

2 QUARANTINE 검역

한국에서 직접 미국에 입국할 경우에는 예방 접종이 필요하지 않으나, 오염 지역을 통과하여 오는 경우에는 예방접종증명서를 제시합니다.

3 IMMIGRATION 입국심사

입국 심사는 미국 첫 기항지에서 합니다. 탑승기가 공항에 도착하기 전에 기내에서 배부되는 출입국 기록 카드(I-94)와 세관 신고서를 정확히 기재합니다. 공항 도착 후 여권, 왕복 항공권과 함께 출입국 기록 카드를 입국 심사대에 제출하면 직원은 입국 목적, 체재 기간 등을 물은 후 미국내 최종 체류 기간을 정하여 기재하고 출입국 기록 카드의 반을 잘라 여권에 붙여 줍니다.

허가받은 체류 기간을 초과해서 체재한 경우, 다음번 입국이 거부되거나 제한될 수 있음에 주의해야 합니다.

4 BAGGAGE CLAIM 짐 찾기

입국 심사가 끝나면 자기가 탑승했던 항공 회사와 비행기 번호가 표시되어 있는 컨베이어 벨트에서 자기가 맡긴 짐을 찾아 세관 카운터로 갑니다.

5 CUSTOMS 세관

신고할 물건이 있으면 빨간 램프, 없으면 파란 램프가 켜진 카운터로 가서 미리 작성했던 세관 신고서를 직원에게 제출합니다.

술, 담배는 반드시 신고해야 합니다. 술은 1쿼트(0.95리터), 담배는 궐련 200개비(10갑), 시거 50개, 파이프 담배 3파운드(1.4kg) 이내인 경우만 면세가 됩니다. 술은 21세 이상, 담배는 18세 이상인 성인이 아니면 가지고 들어올 수 없습니다.

과일, 채소, 나무, 동물, 육류, 총기, 마약류, 도검, 생선 등은 가지고 들어올 수 없으며, 쇠고기, 돼지고기 등 육류를 말린 것도 반입이 불가능합니다. 그러나 어포류, 멸치, 오징어 등과 김, 미역, 인삼(말린 것), 고추장, 된장, 김치, 젓갈류는 신고만 하면 통관이 가능합니다.

토산품(선물)은 1인당 100 달러 이내의 것으로 미국 체류 기간이 72시간 이상이어야 하고 과거 6개월 이내에 이와 같은 토산품을 반입한 적이 없어야 합니다.

현금과 유가 증권의 총액이 1만 달러를 넘을 경우에는 총액을 정확히 신고해야 하고 신고하지 않거나 신고액이 실제와 다를 경우 재판에 회부될 수 있습니다.

6 LOBBY 도착로비

마중 나온 사람을 만나고 필요한 돈을 환전합니다.

공항 안내방송의 예

탑승(Boarding) 안내 방송

United Airlines flight 717 for New York is ready for boarding at gate 30. Please have your boarding passes ready. Thank you.

유나이티드 항공 717편 뉴욕행이 지금 30번 게이트에서 탑승이 시작되겠습니다. 승객 여러분은 탑승권을 준비해 주십시오.

결항(Cancellation) 안내 방송

United Airlines flight 717 for New York has been canceled due to engine trouble. Will all passengers on flight 717 please go to the United Airlines counter for further information?

유나이티드 항공 717편 뉴욕행은 엔진 결함으로 결항되었습니다. 717편을 이용하시는 승객 여러분은 유나이티드 항공 카운터에서 상세한 것을 문의하시기 바랍니다.

지연(Delay) 안내 방송

United Airlines flight 717 bound for New York will be delayed one hour. Boarding will take place at five thirty.

유나이티드 항공 717편 뉴욕행은 1시간 지연 출발합니다. 탑승은 5시 30분 예정입니다.

01 비행기를 갈아탈 때

Point 1 맞춤 표현

환승카운터는 어디입니까?
Where is the transfer desk?
웨어리즈 더 츄렌스퍼 데스크↘

(티켓을 보이며) 이 비행기를 타려고 합니다.
I want to take this flight.
아이 원트 테익 디스 플라잇↘

20번 게이트는 어디입니까?
Where is the gate 20?
웨어리스 더 게잇 트웨니↘

Point 2 유용하게 쓸 수 있는 표현

☐ (승무원에게) **모두 내립니까?**

All the passengers off the plane?

올더 패씬줘-스 오프더 플레인↗

☐ **탑승시간은 몇 시입니까?**

When is the boarding time?

웨니즈더 보어-딩 타임↘

☐ **게이트는 몇 번입니까?**

What's the gate number?

와츠더 게잇 넘버-↘

☐ **얼마나 기다려야 합니까?**

How long must I wait?

하우롱 마스타이 웨잇↘

☐ 제 비행기는 예정대로입니까?

Is my flight on schedule?

이스 마이 플라잇 안 스케쥬어↗

☐ 식당이 어디에 있습니까?

Where's a restaurant?

웨어저 뤠스토롼트↘

☐ (탑승권을 보이며) 이 비행기지요?

Is this my flight?

이스 디스 마이 플라잇↗

☐ 탁송한 짐은 어떻게 해야 합니까?

What should I do with my checked baggage?

왓 슈다이드 윗 마이 첵트 배-기쥐↘

☐ 뉴욕행 연결편을 놓쳤습니다. 어떻게 해야 합니까?

I missed my connecting flight to New York. What should I do?

아이 미쓰드 마이 커넥팅 플라잇 트 뉴-욕↘. 왓 슈다이 드↘

☐ 다음 비행기를 잡아드리겠습니다.

We'll put you on the next flight.

위일 풋유 안 더 넥스트 플라잇↘

도착

어휘 뱅크

- ▶ 통과권 **transit pass** 츄렌씻 패스
- ▶ 대합실 **waiting room** 웨이링 루움
- ▶ 탑승시각 **boarding time** 보어-링 타임
- ▶ 탑승게이트 **boarding gate** 보어-링 게잇
- ▶ 대기시간 **waiting time** 웨이링 타임
- ▶ 출발시각 **departure time** 디파-춰-타임
- ▶ 환승카운터 **transit counter** 츄렌씻 캬운터
- ▶ 면세점 **tax-free shop** 택스 프뤼- 샵

2. 도착

02 입국심사

Point 1 맞춤 표현

입국 목적은 무엇입니까?
What's the purpose of your visit?
와츠더 퍼-퍼스 어뷰어- 비짓↘

관광입니다.
Sightseeing.
싸잇씨잉↘

일행이 몇 분입니까?
How many are there in your party?
하메니 아- 데어 인 유어 파-리↘

Point 2 유용하게 쓸 수 있는 표현

☐ 관광(비즈니스, 홈스테이, 유학)입니다.
Sightseeing(Business, Home-stay, Studying).
싸잇씨잉(비지니스, 호움스테이, 스타딩)↘

☐ (심사관) 직업은 무엇입니까?
What is your occupation?
왓이스 유어 아큐페이션↘

☐ 얼마 동안 체재하실 예정입니까?
How long are you planning to stay?
하우롱 아류 플래닝 트 스테이↘

☐ 열흘 (1주일)입니다.
For ten days(one week).
풔- 텐데이스(원 위익)↘

☐ (심사관) **어디에서 체재하실 겁니까?**

Where are you going to stay?

웨어- 아류 고너 스테이↘

☐ **쉐라톤 호텔(친구집)입니다.**

At the Sheraton(my friend's house).

앳더 쉐라턴(마이 프렌즈 하우스)↘

☐ (심사관) **귀국 항공권을 보여 주시겠습니까?**

Would you show me your return ticket?

으쥬 쇼우미 유어- 뤼터언 티킷↗

☐ (심사관) **뉴욕에 친척이 있습니까?**

Do you have a relative in New York?

드유 해버 레러팁 인 뉴-욕↗

☐ (심사관) **뉴욕 다음 여행지는 어디입니까?**

Where are you going after New York?

웨어 아류 고잉 애프터 뉴-욕↘

☐ (심사관) **최종 목적지는 어디입니까?**

What's your final destination?

왓츠 유어 퐈이널 데스트네이션↘

도착

어휘 뱅크

- ▶ 입국 **entry into a country** 엔츄뤼 인트어 컨츄뤼 ▶ 여권 **passport** 패스포엇
- ▶ 비자 **visa** 비자 ▶ 목적 **purpose** 퍼-퍼스
- ▶ 일상생활용품 **daily necessities** 데일리 니쎄써리즈
- ▶ 반입금지품 **prohibited articles** 프뤄히비릿 아-리커어스
- ▶ 신고하지 않아도 되는 품목 **no declaration items** 노우 데클러뤠이션 아이럼스
- ▶ 개인용품 **personal effects** 퍼써너어 이펙츠

2. 도착

03 수하물 찾기

Point 1 맞춤 표현

수하물은 어디서 찾을 수 있습니까?
Where can I get my baggage?
웨어 캐나이 겟 마이 배-기쥐↘

짐 찾는 걸 좀 도와 주시겠어요?
Could you help me to find my baggage?
크쥬 헤업미 트 퐈인 마이 배-기쥐↗

제 짐을 찾을 수가 없습니다.
I can't find my baggage.
아이 캔 퐈인 마이 배-기쥐↘

Point 2 유용하게 쓸 수 있는 표현

☐ 카트는 없습니까?

Are there any baggage cart?

아- 데어 에니 배-기쥐 카앗↗

☐ 이 카트를 택시 타는곳까지 갖고 나가도 됩니까?

Can I take this cart out to the taxi stand?

캐나이 테익 디스 카앗 아우트더 택씨 스탠-↗

☐ 제 하물이 없어졌습니다.

My baggage is missing.

마이 배-기쥐 이스 미씽↘

☐ 노스웨스트항공 카운터는 어디 있습니까?

Where's the Northwest counter?

웨어스 더 노-쓰웨스트 캬운터↘

☐ 어느 편에 타고 오셨지요?

What's your flight?

와츄어- 플라잇↘

☐ 노스웨스트항공 942편이었습니다.

My flight was Northwest 942.

마이 플라잇 워스 노-쓰웨스트 나인쿼-투↘

☐ 화물표를 보여 주시겠습니까?

May I see your baggage claim ticket?

메아이 씨- 유어 배-기쥐 클레임 티킷↗

☐ 내용물은 무엇입니까?

What is in it?

와리스 인 잇↘

☐ 쉐라톤 호텔에 묵을 예정입니다.

I'm staying at the Sheraton.

아임 스테잉 앳더 쉐라턴↘

☐ 8월 7일까지 그곳에 묵을 겁니다.

I'll stay there until August 7th.

아어 스테이 데어- 언티어 어거스트 쎄븐쓰↘

☐ (주소를 쓴 쪽지를 건네며) 여기로 보내 주세요.

Please deliver the baggage to here.

플리이스 딜리버 더 배-기쥐 트 히어-↘

어휘 뱅크

▶ 분실물취급소 **Lost and Found office** 로스턴 파운 어퓌스 ▶ 비행편 **flight** 플라잇
▶ 명찰 **name tag** 네임 택 ▶ 예정 **schedule** 스케쥬어 ▶ 연락하다 **contact** 컨택트
▶ 조사하다 **check** 췌크 ▶ 공중전화 **public telephone** 파블릭 텔러퀀운

04 세관검사

Point 1 맞춤 표현

세관검사는 어디서 합니까?
Where do I go through customs inspection?
웨어 드아이 고우 쓰루 카스텀스 인스펙션↘

신고할 게 없습니다.
I have nothing to declare.
아이 햄 나씽 트 디클레어-↘

이 짐 안에는 무엇이 들었습니까?
What's the content of this package?
와츠 더 칸텐트 어브 디스 패-키쥐↘

Point 2 유용하게 쓸 수 있는 표현

☐ 신고할 것은 없습니까?

Anything to declare?
에니띵 트 디클레어-↗

☐ 네, 없습니다.

No, nothing.
노우 나띵↘

☐ 돈은 얼마나 가지고 계십니까?

How much money do you have with you?
하우머취 머니 드유햅 위쥬↘

☐ 이 가방에는 무엇이 들어 있습니까?

What do you have in this bag?
왓 드유 해빈 디스 백↘

☐ 일용품입니다.

I have some daily necessities.

아이 햅 썸 데일리 니쎄써리스↘

☐ 이것들은 무엇입니까?

What are these?

와라 디-즈↘

☐ 그건 제 친구에게 줄 선물입니다.

It's a gift for my friend.

이쳐 기프트 풔 마이 프렌↘

☐ 세금은 얼마입니까?

How much is the duty?

하우머취 이스 더 듀리↘

☐ 어디에서 세금을 내야 하나요?

Where should I pay duty?

웨어- 슈다이 페이 듀리↘

☐ 이 짐들을 보세 처리해 주십시오.

Please keep this baggage in bond.

플리이스 키입 디스 배-기쥐 인 본드↘

도착

어휘 뱅크

- ▶ 세관신고서 **customs declaration form** 카스텀스 데클러뤠이션 풔엄
- ▶ 관세 **duty** 듀리　▶ 무관세 **duty-free** 듀리 프뤼-
- ▶ 면세품 **duty-free goods** 듀리 프뤼- 그즈　▶ 선물 **gift** 기프트
- ▶ 일용품 **personal article** 퍼-써너어 아-리커어
- ▶ (세금 내는) 창구 **cashier** 캐쉬어-

05 환전

Point 1 맞춤 표현

환전해 주세요.
Change, please.
췌인쥐 플리이스↘

미국 달러로 환전해 주세요.
Into US dollars, please.
인트 유우에스 달라스 플리이스↘

잔돈으로 바꿔 주세요.
Small change, please.
스모어 췌인쥐 플리이스↘

Point 2 유용하게 쓸 수 있는 표현

☐ 환전소가 어디 있습니까?
Where's the money exchange?
웨어-스 더 머니 엑스췌인쥐↘

☐ 환전을 부탁합니다.
I'd like to exchange some money, please.
아이드 라익트 엑스췌인쥐 썸 머니 플리이스↘

☐ 환율은 어떻게 됩니까?
What's the exchange rate?
와츠 디 엑스췌인쥐 뤠잇↘

☐ 파운드로 바꿔 주세요.
Into pounds, please.
인트 파운스 플리이스↘

☐ 잔돈도 좀 섞어 주세요.

With some small change, please.

위드 썸 스모어 췌인쥐 플리이스↘

☐ 이것을 20달러 짜리 5장으로 바꿔 주시겠습니까?

Would you break this into five twenties?

으쥬 브뤠익 디스 인트 퐈입 트웨티스↗

☐ 이 백달러짜리를 잔돈으로 바꿔 주시겠어요?

Would you change a hundred-dollar bill?

으쥬 췌인쥐 헌드렛 달라 빌↗

☐ 지금 시간에 어디에서 환전할 수 있나요?

Where can I exchange money now?

웨어- 캐나이 엑스췌인쥐 머니 나우↘

☐ 환전 수수료는 얼마입니까?

What's the fee for exchange?

와츠 더 피- 풔 엑스췌인쥐↘

☐ 일요일에 영업하는 은행은 없습니까?

Is there any bank open on Sundays?

이스데어 에니 뱅크 오우픈 안 썬데이스↘

☐ 여기 서명을 부탁합니다.

Sign here, please.

싸인 히어- 플리이스↘

어휘 뱅크

▶ 25센트 **quarter** 크워러 ▶ 10센트 **dime** 다임 ▶ 5센트 **nickel** 니클
▶ 1센트 **penny** 페니 ▶ 잔돈 **change** 췌인쥐
▶ 영업시간 **business hour** 비지니스 아워 ▶ 환전 **exchange** 엑스췌인쥐
▶ 수수료 **service fee** 써어비스 피-

06 호텔 찾기(관광안내소에서)

Point 1 맞춤 표현

관광안내소는 어디 있습니까?
Where's the tourist information booth?
웨어-스 더 투어뤼스트 임풔-메이션 부-쓰↘

호텔을 예약해 주실 수 있습니까?
Could you reserve the hotel for me?
크쥬 리져-브 더 호테어 풔 미↗

역에서 가까운 호텔에 묵고 싶습니다.
I want to stay near the station.
아이 원트 스테이 니어-더 스테이션↘

Point 2 유용하게 쓸 수 있는 표현

☐ 하루밤 30달러 이하의 괜찮은 호텔을 소개해 주시겠어요?
Can you recommend a good hotel under 30 dollars a night?
캐뉴 뤼커멘더 귿 호테어 언더 떠리 달라스 어 나잇↗

☐ 역에서 가까운 호텔을 부탁합니다.
I'd like a hotel near the station.
아이드 라이커 호테어 니어- 더 스테이션↘

☐ 오늘 1인실 있습니까?
Do you have a single room today?
드유 해버 씽거어 루움 트데이↗

☐ 객실료는 얼마입니까?
How much is the room?
하우머취 이스 더 루움↘

☐ 아침식사 포함입니까?

Is breakfast included?

이스 브렉풔스트 잉클루릿↗

☐ 그 호텔에는 어떻게 하면 갈 수 있습니까?

How can I get to the hotel?

하우 캐나이 게트더 호테어↘

☐ 걸어서 갈 수 있는 거리입니까?

Walking distance?

워어킹 디스턴스↗

☐ 이 지도에 위치를 표시해 주시겠어요?

Would you check the place on this map?

으쥬 첵더 플레이스 안 디스 맵↗

☐ 어디에서 호텔 셔틀버스를 기다리면 됩니까?

Where should I wait for the hotel shuttle bus?

웨어- 슈다이 웨잇 풔- 더 호테어 셔러 바스↘

어휘 뱅크

▶ 관광안내소 **tourist information** 투어뤼스트 임풔-메이션
▶ 안전한 장소 **safe area** 세입 에어뤼어
▶ 비싼 **expensive** 익스펜십
▶ 싼 **inexpensive** 이닉스펜십
▶ 깨끗한 **clean** 클리인
▶ 장소 **location** 로우케이션
▶ 시내지도 **city map** 씨리맵
▶ 세금 **tax** 택스

도착

2. 도착

07 공항에서 호텔로

Point 1 맞춤 표현

시내로 가는 대중 교통수단은 있습니까?
Is there a public transportation to city center?
이스데어러 퍼블릭 츄렌-스퍼테이션 트 씨리 쎈터↗

시내로 가는 버스 정류장은 어디입니까?
Where is the bus stop to city center?
웨어-스더 바스탑 트 씨리 쎈터↘

표는 어디서 살 수 있습니까?
Where can I buy the ticket?
웨어 캐나이 바이 더 티킷↘

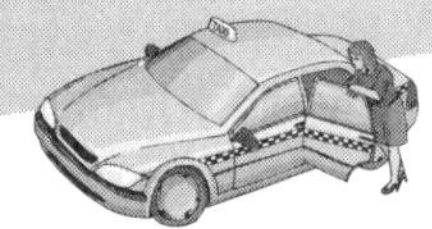

Point 2 유용하게 쓸 수 있는 표현

☐ 택시 승강장은 어디 있습니까?

Where's the taxi stand?

웨어-스더 택씨 스탠-↘

☐ 쉐라톤 호텔까지 부탁합니다.

To the Sheraton hotel, please.

트더 쉐라턴 호테어 플리이스↘

☐ 이곳으로 가 주세요.

To this place, please.

투 디스 플레이스 플리이스↘

☐ 기사님, 저기(여기)서 세워 주시겠어요?

Driver, can you stop there(here)?

드라이버↘ 캐뉴 스탑 데어(히어-)↗

☐ 얼마입니까?

How much is it?

하우머취 이짓↘

☐ (버스를 가리키며) 힐튼 호텔로 가는 공항버스입니까?

Is this the Airport bus to the Hilton Hotel?

이스디스 디 에어포엇 바스 트더 히어튼 호테어↗

☐ 힐튼 호텔까지 몇 정류장입니까?

How many stops to the Hilton?

하우메니 스탑스 트더 히어튼↘

☐ 시내까지 요금이 얼마입니까?

How much to downtown?

하우머취 트 다운타운↘

☐ 힐튼 호텔에 도착하면 알려 주시겠어요?

Will you tell me when we get to the Hilton?

위류 테얼미 웬 위 게트 더 히어튼↗

☐ 어디서 내려야 합니까?

Where should I get off?

웨어 슈다이 게롭↘

☐ 여기서 내리겠습니다.

I get off here.

아이 게롭 히어-↘

어휘 뱅크

- ▶ 화장실 **rest room** 뤠스트루룸
- ▶ 택시 타는곳 **taxi stand** 택시 스탠드
- ▶ 버스 타는 곳 **bus stop** 바스탑
- ▶ 리무진 **limousine** 리머지인
- ▶ 공항버스 **airport bus** 에어포엇 바스
- ▶ 중심가 **downtown** 다운타운
- ▶ 화물 **baggage** 배-기쥐
- ▶ 내리다 **get off** 게롭

도착

도착 시의 문제와 처리 방법

사고	처리 방법
수하물 분실 또는 파손	공항에서 'BAGGAGE CLAIM' 이라고 쓰여 있는 수하물 분실 신고소에 가서 신고합니다. 짐을 부치고 나서 받았던 baggage claim tag(탁송표)을 제시합니다. 신고시에는 가방의 형태, 크기, 색상 등을 자세히 알려주어야 합니다. 화물을 반환 받을 투숙 호텔이나 연락처를 기재하며, 다음 여정이 있는 경우에는 여행일정을 알려주고 분실증명서를 받아 화물을 찾지 못했을 경우 보상 받기 위해 대비를 해야 합니다. 화물을 찾지 못했을 경우에는 화물 운송협약에 의해 보상을 받을 수 있으며 여행자 보험에 가입했을 경우에는 항공사에서 발행한 분실증명서를.근거로 보상을 받을 수 있습니다.
항공기 지연 또는 파업	항공사 측의 사정으로 인한 경우, 대체편을 항공사에서 제공키로 되어 있습니다(보통 차량, 호텔, 식사, 관광 등을 제공하며 파업의 경우 다음 편 연결까지 필요한 서비스 제공해 줍니다). 따라서 이 경우에는 반드시 항공사 측에 Claim하여 위의 서비스를 제공 받아야 합니다. 다음 여정에 지장이 있을 경우에는 타 항공편으로의 Endorse를 받습니다.

미국 입국신고서

미국 세관신고서

SCENE

03

호텔

Contents

호텔 이용 상식

여행 전에 국내에서 여행사나 체인 호텔 예약 시스템을 통해 원하는 위치, 등급호텔을 저렴한 가격으로 예약할 수 있습니다. 호텔이 예약 되었을 때는 "예약확인서(confirm sheet)" 와 hotel voucher를 받습니다. 이것은 현지 호텔에 체크인할 때 사용됩니다.

시설과 서비스	이용 상식
객실	객실 내에 비치된 안내서를 활용하면 객실 내의 여러 시설물들을 잘 이용할 수 있습니다. 객실 내 텔레비전에는 일반 채널과 호텔 자체에서 개설해 놓은 자체 채널 등 두 가지가 있습니다. 일반 채널은 그 나라의 방송 채널이고 자체 채널은 유료 TV 등으로 이것들을 통해 다양한 방송을 즐길 수 있습니다. 미니바는 언제라도 사용할 수 있으나 시중보다 30~80% 정도 비싼 가격을 체크아웃 할 때 지불해야 합니다. 1회용 물품이 아닌 컵, 수건, 옷걸이 등을 함부로 가지고 나오는 일이 없도록 합니다. 위반했을 때는 배상의 책임이 따릅니다. 숙박 후 객실에서 나올 때는 베개 밑에 1달러 정도의 팁을 놓아두는 것이 예의입니다.
전화와 인터넷	객실간의 통화는 객실에 있는 안내 표시대로 번호를 누르고 상대방의 방번호를 누르면 됩니다. 외부전화를 할 때는 직접 전화를 할 수도 있고 교환을 통해서 할 수도 있지만 교환을 통하면 수수료가 붙어 요금이 매우 비쌉니다. 일부 호텔은 객실 내에서 팩스는 물론 전화선과 전용선을 통한 인터넷 접속 서비스를 제공하기도 합니다. 예약 전에 문의를 하면 됩니다.
욕실	욕실 바닥이 양탄자로 깔려 있거나 하수구가 없을 수 있으므로 샤워를 할 때는 항상 커텐을 욕조 안쪽으로 해서 물이 욕조 밖으로 흐르지 않도록 해야 합니다. 또한 온수, 냉수를 잘 확인해서 데지 않도록 해야 합니다. 보통 온수는 H(Hot), 냉수는 C(Cold)로 되어 있지만 프랑스에서는 온수가 C(Chaud), 냉수가 F(Froid)로 표시되어 있으므로 주의해야 합니다.
복도	복도에서는 금연입니다. 또한 크게 떠들거나 소란을 피워선 안되고 잠옷이나 슬리퍼, 수영복 차림으로 복도를 돌아 다녀도 안됩니다. 엘리베이터를 탈 때나 호텔 문을 출입할 때는 여성에게 먼저 양보하고 복도나 엘리베이터에서 사람을 만나면 가볍게 인사를 건네는 것이 예의입니다.
룸서비스	객실 내에서 차나 식사를 하고 싶을 때는 룸서비스를 이용하면 됩니다. 룸서비스는 레스토랑의 가격보다 10-12% 정도 비쌉니다. 특히 아침 일찍 식사를 하고 싶으면 객실 내에 비치되어 있는 메뉴를 이용하면 됩니다.
식당	대부분의 식사는 뷔페식이므로 차례로 순서를 지켜서 자신이 먹을 양만큼 덜어서 먹습니다.
세탁물	객실에 있는 세탁 주문서에 필요사항을 적어 지정된 비닐봉지에 세탁물을 넣어 두면 됩니다.

시설과 서비스	이용 상식
비즈니스 센터	시내에 있는 대부분의 호텔은 비즈니스 호텔이고 워드작업, 복사, 번역, 통역, 항공권 예약 취소, DHL 등을 이용한 문서수발 업무, 팩스 송수신, 각종 우편 업무, 컴퓨터 등 각종 OA기기 대여 및 사용설비를 갖추고 있습니다.
휘트니스 센터	헬스클럽, 사우나, 수영장, 미용실, 테니스장, 조깅 코스, 골프연습장 등의 시설이 있고 이용은 대개 무료이거나 소정의 입장료를 받습니다.
객실 열쇠와 표찰	객실 열쇠는 단순한 열쇠 기능 뿐만 아니라 전원에 연결되는 등 부가 기능이 있습니다. 외출할 때는 방열쇠를 프론트에 맡기고 호텔 이름과 방번호를 잘 기억해 둡니다. 외출할 때 객실 문 손잡이에 MAKE UP PLEASE라는 표찰을 걸고 나가면 방을 청소해 달라는 의미가 됩니다. 방해를 받고 싶지 않다면 객실 문밖에 DD(DO NOT DISTURB)카드를 걸어두면 됩니다.

호텔 관련 용어

▶ **Check In**(체크인)... 호텔 투숙의 절차. 보통 오후 3시까지 이루어지며 예약 확인, 숙박카드 작성, 객실료 지불, 방열쇠 받기 등의 과정을 말합니다.

▶ **Check Out**(체크아웃)... 호텔 퇴숙의 절차. 보통 오전12시까지 이루어지며 전화요금, 식사비, 세탁요금 등을 정산합니다.

▶ **Hotel Voucher**(호텔 바우처)...호텔 숙박권. 호텔과 호텔 예약시스템을 운영하고 있는 여행사의 계약을 통해 고객이 호텔 체크인시 여행사가 발급한 호텔 바우처만으로 투숙이 가능하도록 한 것으로 현금과 동일한 성격이라 할 수 있습니다.

▶ **Confirm Sheet**(컨펌 쉬트)... 호텔 예약이 확정되었음을 나타내는 예약확인서. 일부 호텔에서는 voucher와 동일한 기능을 합니다.

▶ **Continental Breakfast**(컨티넨틀 블렉퍼스트)... 유럽식 간단한 아침식사. 커피 또는 우유와 빵, 치즈.

▶ **American Breakfast**(어메리칸 블렉퍼스트)... 미국식 아침식사. 유럽식에 스크램블 에그 및 베이컨 등이 추가.

▶ **Single Room**(싱글 루움)... 1인실로 싱글베드가 하나 있는 방.

▶ **Double Room**(더블 루움)...2인실로 더블베드가 하나 있는 방. 부부간에 여행할 때 주로 사용.

▶ **Twin Room**(트윈 루움)...2인실로 싱글베드가 두 개 있는 방.

▶ **Triple Room**(츄리플 루움)... 2인실에 보조침대(extra bed)를 추가하여 3인이 사용할 수 있도록 한 방으로 보조 침대는 1개까지만 가능하며 추가 요금을 지불해야 합니다.

▶ **Suite Room**(스윗- 루움)... 침실+거실이 있는 방으로 거실에서 업무를 볼 수 있습니다.

▶ **Connecting Room**(커넥팅 루움)... 복도를 통하지 않고도 방과 방 사이에 있는 문을 통해 연결되어 있는 방으로 주로 가족 단위의 고객들이 이용.

▶ **Morning Call**(모어닝커얼)... 손님이 요구한 시간에 맞춰 전화로 손님을 깨워주는 서비스.

▶ **Porter**(포러)... 고객이 호텔에 도착하면 짐을 객실이나 프론트로 운반해 주는 호텔직원.

▶ **Safety Box**(쎄이프티 박스)... 프론트에 마련되어 있는 것으로 현금이나 귀중품 등을 외출시에 맡길 수 있으며 방번호와 이름만 알려 주면 무료로 사용할 수 있습니다.

01 예약과 변경(전화로)

Point 1 맞춤 표현

예약을 하려고 합니다.
I'd like to make a reservation.
아이드 라익트 메이커 뤠저-베이션↘

오늘밤 트윈룸 있습니까?
Do you have a twin room tonight?
드유 해버 트윈 루움 트나잇↗

하루밤 얼마입니까?
How much is it per night?
하우머치 이짓 퍼- 나잇↘

Point 2 유용하게 쓸 수 있는 표현

☐ 여보세요, 전 김인데요.
Hello! This is Mr. Kim speaking.
헬로우↗ 디스 이스 미스터- 킴 스피이킹↘

☐ 좋습니다. 그걸로 하겠습니다.
Good. I'll take it.
귿↘. 아일 테이킷↘

☐ 지금 뉴욕역에 있는데 1시간 후에 거기로 가겠습니다.
I'm now at New York Station. I'll be there 1 hour later.
아임 나우 앳 뉴-욕 스테이션↘. 아일비 데어 원 아우어 레이러↘

☐ 예약을 변경하고 싶습니다.
I'd like to change my reservation.
아이드 라익트 췌인쥐 마이 뤠져-베이션↘

☐ 8월 3일이 아니고 8월10일로 변경이죠 맞나요?

Not the 3rd of August, but 10th of August, OK?

낫 더 써-드 업 오-거스트↘ 밧 텐쓰 업 오-거스트↘ 오케이↗

☐ 11시까지 방을 확보해 주세요.

Please keep my room until 11 o'clock.

플리이스 키입 마이 루움 언틸 일레븐 어클락↘

☐ 사흘 더 묵고 싶습니다.

I'd like to stay 3 more nights.

아이드 라익트 스테이 뜨리 모어 나이츠↘

☐ 예약을 취소하고 싶습니다.

I'd like to cancel my reservation.

아이드 라익트 캔써어 마이 뤠저-베이션↘

☐ 예약을 했습니다. 다시 한 번 예약을 확인해 주세요.

I have a reservation. Check my reservation again, please.

아이 해버 뤠저-베이션↘. 첵 마이 뤠저-베이션 어겐 플리이스↘

☐ 성함을 말씀해 주시겠어요?

Can I have your name, please?

캐나이 해뷰어 네임 플리이스↗

어휘 뱅크

- ▶ 예약 **reservation** 뤠저-베이션 ▶ 예약확인서 **confirmation slip** 칸풔-메이션 슬립
- ▶ 서명 **signature** 씨그너춰- ▶ 보증금 **deposit** 디파짓
- ▶ 숙박기록부 **registration card** 뤠쥐스츄뤠이션 카-드 ▶ 기입하다 **fill out** 필라웃
- ▶ 귀중품보관함 **safety box** 쎄이프티 박스

02 체크인

Point 1 맞춤 표현

체크인 하려고 합니다.
I'd like to check in.
아이드 라익트 췌킨↘

이름은 김수철입니다.
My name is Suchul Kim.
마이 네임 이스 수철 킴↘

체크아웃 시간은 몇 시입니까?
When is the check out time?
웨니스더 췌카웃 타임↘

Point 2 유용하게 쓸 수 있는 표현

☐ 예약했습니다(예약을 하지 않았습니다).

I have a reservation(I have no reservation).

아이 해버 뤠저-베이션(아이 해브 노 뤠저-베이션)↘

☐ (프론트 직원) 성함을 말씀해 주시겠어요?

May I have your name?

매아이 해뷰어- 네임↗

☐ 오늘밤 방이 있습니까?

Do you have a room tonight?

드유 해버 루움 트나잇↗

☐ 욕실이 있는 싱글룸 주세요.

A single room with bath, please.

어 씽글 루움 윗 배쓰 플리이스↘

☐ **하루밤에 얼마입니까?**

How much is it a night?

하우머치 이짓 어 나잇↘

☐ **그 방을 봐도 되겠습니까?**

May I see the room?

매아이 씨- 더 루움↗

☐ **지금 체크인 해도 되겠습니까?**

Can I check in now?

캐나이 췌킨 나우↗

☐ **좀 더 싼 방은 없습니까?**

Do you have anything cheaper?

드유 햅 애니띵 취-퍼↗

☐ (프론트 직원) **숙박부를 적어 주십시오.**

Please fill out the registration card.

플리이스 퓔라웃 더 뤠쥐스츄뤠이션 카-드↘

☐ (프론트 직원) **지불은 어떻게 하시겠습니까?**

How would you like to pay?

하우 으쥬 라익트 페이↘

☐ **제 신용카드로 지불하겠습니다.**

I'll pay with my credit card.

아일 페이 윗 마이 크뤠릿 카-드↘

03 체크인 때의 문제

Point 1 맞춤 표현

다른 호텔을 소개해 주세요.

Please recommend another hotel.

플리이스 뤠커멘 어나더 호테어↘

무슨 좋은 방법이 없겠습니까?

Do you have any good idea?

드유 햅 애니 귿 아이디어↗

비앤비 여행사를 통해 예약을 했습니다.

My reservation was made through B & B Travel.

마이 뤠져-베이션 워스 메이뜨루 비앤비 츄래벌↘

Point 2 유용하게 쓸 수 있는 표현

☐ (도착이 늦어져서) **8시에 도착할 겁니다.**

I'll arrive at your hotel at eight.

아일 어롸이뱃 유어- 호테어 앳 에잇↘

☐ **예약을 취소하지 말아 주세요.**

Please don't cancel my reservation.

플리이스 돈 캔써어 마이 뤠저베이션↘

☐ (예약이 안 되어 있다고 해서) **다시 한 번 예약을 확인해 주십시오.**

Check my reservation again, please.

첵 마이 뤠저베이션 어겐 플리이스↘

☐ **방을 취소한 적이 없습니다.**

I didn't cancel the room.

아이 디든 캔써어 더 루움↘

☐ **객실료는 이미 지불했습니다.**

I've already paid for the room.

아브 얼뤠리 페잇 풔- 더 루움↘

☐ **오늘 날짜로 예약한 게 확실합니다.**

I'm certain I made a reservation for tonight.

아임 썰튼 아이 메이더 뤠져베이션 풔 트나잇↘

☐ (프론트 직원) **무슨 이름으로 예약하셨습니까?**

What name is it under?

왓 네임 이짓 안더↘

☐ **김수철이라는 이름으로 예약했습니다.**

It's under Suchul Kim.

이츠 안더 수철 킴↘

☐ **이게 예약확인서입니다.**

Here's the confirmation slip.

히어-스 더 캄풔-메이션 슬립↘

☐ **다른 호텔을 알아 봐 주시겠습니까?**

Would you refer me to another hotel?

으쥬 뤼풔- 미 트 어나더- 호테어↗

어휘 뱅크

- ▶ 늦어지다 **delay** 딜레이
- ▶ 취소 **cancellation** 캔썰레이션
- ▶ 취소하다 **cancel** 캔써어
- ▶ 예약 **reservation** 뤠저베이션
- ▶ 예약하다 **reserve** 뤼저-브
- ▶ 알아보다 **check** 체크
- ▶ 철자 **spelling** 스펠링
- ▶ 예산 **budget** 바짓

04 프론트에서

Point 1 맞춤 표현

벨보이에게 제 짐을 방까지 날라 달라고 해 주세요.

Please have a bellboy carry my baggage up to my room.

플리이스 해버 벨보이 캐뤼 마이 배-기쥐 업 트 마이루움↘

제게 온 메시지 없습니까?

Do you have any message for me?

드유 햅 에니 메씨쥐 풔- 미↗

오늘 밤까지 제 짐을 보관해 주십시오.

Please keep my baggage till this evening.

플리이스 키입 마이 배-기쥐 틸 디스 이-브닝↘

Point 2 유용하게 쓸 수 있는 표현

☐ 이 가방을 엘리베이터까지 날라 주세요.

Please take this bag to the elevator.

플리이스 테익 디스백 트디 엘리베이러-↘

☐ 귀중품 보관함을 이용해도 되겠습니까?

Can I use a safe-deposit box?

캐나이 유-저 쎄이프디파-짓 박스↗

☐ 귀중품 보관함에 맡긴 귀중품을 찾고 싶습니다.

I want to take my valuables out of the safe-deposit box.

아이 원트 테익 마이 벨류어블스 아웃업 더 쎄이프디파-짓 박스↘

☐ 903호실 키 주세요.

The key please, room 903.

더 키- 플리이스 루움 나인 오우 뜨리↘

- [ ] 제 방 열쇠를 보관해 주시겠어요?

Could you keep my room key?

크쥬 키입 마이 루움 키-↗

- [ ] 택시를 불러 주세요.

Please call me a taxi.

플리이스 커어미 어 택씨↘

- [ ] 여기서 팩스를 보낼 수 있습니까?

Can I send a fax from here?

캐나이 쎈더 팩쓰 프람 히어-↗

- [ ] 우표 있습니까?

Do you have postage stamps?

드유 햅 포우스티쥐 스탬스↗

- [ ] 이 편지를 항공편으로 보내 주세요.

Please send this letter by air mail.

플리이스 쎈디스 레러- 바이 에어메일↘

- [ ] 식당은 어디 있습니까?

Where is the dinning room?

웨어리스 더 다이닝 루움↘

- [ ] 한국말을 할 수 있는 분을 알려 주시겠어요?

Can you find someone who speaks Korean?

캐뉴 퐈인 썸원 후 스피익 커뤼안↗

어휘 뱅크

▶ 계산서 **bill** 비어 ▶ 얼음 **some ice** 썸아이스 ▶ 병따개 **bottle opener** 바러 오프너-
▶ 깡통따개 **can opener** 캔 오프너- ▶ 음료 **drink** 쥬륑크 ▶ 요리 **dish** 디쉬
▶ 가벼운 식사 **snack** 스낵 ▶ 세탁물 주머니 **laundry bag** 런쥬뤼 백

05 룸서비스

Point 1 맞춤 표현

룸서비스 부탁합니다. 방번호는 807호입니다.

Room service, please. The room number is 807.

루움 써어비스 플리이스↘. 더 루움 넘버 이스 에잇 오우 쎄븐↘

6시에 갖다 주세요.

Please bring them at six o'clock.

플리이스 브륑뎀 앳 씩스 어클락↘

팁입니다.

This is for you.

디스이스 풔 유↘

Point 2 유용하게 쓸 수 있는 표현

☐ 룸 서비스 됩니까?

Is room service available?

이스 루움 써어비스 어베일러버↗

☐ 내일 아침 8시에 아침식사를 하고 싶습니다.

I'd like breakfast at 8 a.m. tomorrow morning, please.

아이드 라익 브렉풔-스트 앳 에잇 에이엠 트마뤄우 모어-닝 플리이스↘

☐ 계란 프라이와 커피를 부탁합니다.

I'd like to have fried eggs and coffee.

아이들 라익트 햅 프롸잇 에그스 앤 커퓌↘

☐ 얼마나 시간이 걸리겠습니까?

How long will it take?

하우롱 위릿 테익↘

☐ 1214호실입니다.

This is Room 1214.

디시스 루움 트웨업 풔-티인↘

☐ (인스턴트 식품을 먹으려고) 뜨거운 물을 좀 갖다 주시겠습니까?

Would you bring me boiling water?

으쥬 브륑미 보일링 워러-↗

☐ 주문한 것 빨리 좀 갖다 주시겠어요?

Could you rush my order?

크쥬 러쉬 마이 오러↗

☐ 세탁 서비스는 있습니까?

Do you have laundry service?

드유 햅 런쥬뤼 써어비스↗

☐ 이 양복을 세탁해서 다려 주세요.

I'd like to get this suit cleaned and pressed.

아이드 라익트 겟 디스 수웃 클린-드 앤 프레스트↘

☐ 내일 아침 6시에 모닝콜을 부탁합니다.

Please wake me up at 6 o'clock tomorrow morning.

플리이스 웨익미업 앳 씩스 어클락 트마뤄우 모어-닝↘

☐ 제가 외출하는 동안 방 청소를 해 주시겠습니까?

Would you clean my room while I'm out?

으쥬 클리인 마이 루움 와일 아임 아웃↗

어휘 뱅크

- ▶ 보조침대 **extra bed** 엑스츄러 벳
- ▶ 베개 **pillow** 필로우
- ▶ 냉수 **cold water** 코울드 워러-
- ▶ 더운 물 **hot water** 핫 워러-
- ▶ 음료수 **drinking water** 쥬링킹 워러-
- ▶ 타월 **towel** 타우월

06 국제전화 걸 때(호텔에서)

Point 1 맞춤 표현

한국으로 국제전화를 부탁합니다.
Overseas call to Korea, please!
오우버씨-스 커어 트 커뤼아 플리이스

콜렉트콜을 부탁합니다.
Collect call, please.
컬렉 커어 플리이스

전화번호는 02-9068-1093입니다.
The number is 02-9068-1093.
더 넘버 이스 오우 투 나인 오우 씩스 에잇 원 오우 나인 뜨리

Point 2 유용하게 쓸 수 있는 표현

☐ 한국에 전화 걸고 싶습니다.
I'd like to make a phone call to Korea.
아이드 라잌트 메이커 풔운 커어 트 커뤼아

☐ 한국으로 국제전화를 신청하려고 합니다.
I want to place a call to Korea.
아이 원트 플레이서 커어 트 커뤼아

☐ (교환) 몇 번으로 거실 겁니까?
What's the number?
와츠 더 넘버-

☐ (교환) 누구에게 전화하실 건가요?
To whom are you calling?
트 훔 아류 컬링

☐ 박찬호씨를 부탁합니다.

Mr. Chanho Park. C-h-a-n-h-o P-a-r-k.

미스터 찬호 박↘. 씨 에이치 에이 엔 에이치 오 피 에이 알 케이↘

☐ (교환) 성함과 방 번호를 말씀해 주십시오.

Your name and room number, please.

유어- 네임 앤 루움 넘버- 플리이스↘

☐ (교환) 끊지 말고 기다려 주세요.

Hold on, please.

호울단 플리이스↘

☐ (교환) 끊고 기다려 주세요.

Hang up, please.

행압 플리이스↘

☐ (교환) 상대방이 나왔습니다. 통화하세요.

On the line, go ahead, please.

안더라인 고우 어헷- 플리이스↘

☐ (교환) 통화중입니다.

The number is busy.

더 넘버 이스 비지↘

어휘 뱅크

- 전화를 끊고 기다리세요. **Please hang up and wait.** 플리이스 행압 앤 웨잇
- 통화하세요. **Go ahead, please.** 고우 어헷 플리이스
- 통화중입니다. **The line is busy.** 더라인 이스 비지
- 전화를 받지 않습니다. **There is no answer.** 데어-이스노 앤써-
- 번호통화 **Station-to-Station Call** 스테이션 트 스테이션 커어
- 지명통화 **Person-to-Person Call** 퍼-슨 트 퍼-슨 커어
- 수신자부담통화 **Collect Call** 컬렉 커어

통화

07 전화 걸 때(시내에서)

Point 1 맞춤 표현

어떻게 겁니까?
How can I use it?
하우 캐나이 유-즈잇↘

화이트씨를 바꿔 주시겠습니까?
May I speak to Mr. White?
메아이 스피익트 미스터 와잇↗

한국어를 하실 수 있는 분은 안 계십니까?
Is there anyone can speak Korean?
이스데어 에니원 캔 스피익 커뤼안↗

Point 2 유용하게 쓸 수 있는 표현

☐ 동전이 없습니다.

I have no coins.

아이햅 노우 코인스↘

☐ 이걸 좀 바꿔 주시겠어요?

Can you exchange this, please?

캐뉴 엑스췌인 디스 플리이스↗

☐ 여보세요, 저 수철이에요.

Hello! This is Suchul speaking.

헬로우↘ 디스이스 수철 스피-킹↘

☐ 이 전화로 한국에 전화 걸 수 있습니까?

Can I call Korea on this telephone?

캐나이 커어 커뤼아 안디스 텔러풔운↗

☐ 돈을 얼마 넣어야 합니까?

How much should I deposit?

하우머취 슈다이 디파짓↘

☐ (전화국, 우체국에서) 한국에 전화하고 싶습니다.

I'd like to call Korea.

아이드 라익트 커어 커뤼아↘

☐ 콜렉트 콜로 부탁합니다.

Collect call, please.

컬렉 커어 플리이스↘

☐ 한국으로 지명통화를 부탁합니다.

Person-to-person call to Korea, please.

퍼-슨 트 퍼-슨 커어 트 커뤼아 플리이스↘

☐ 한국에 전화거는 데 시간이 얼마나 걸립니까?

How long does it take to call Korea?

하우롱 더짓 테익트 커어 커뤼아↘

☐ (국선) 3번 부스에서 전화하세요.

Please go to booth No.3.

플리이스 고우르 부우스 남버- 뜨뤼-↘

☐ (통화 후) 전화 요금은 얼마입니까?

How much was the charge?

하우머취 워스 더 촤-쥐↘

어휘 뱅크

- ▶ 공중전화 **pay phone / public telephone** 페이 풔운 / 파블릭 텔러풔운
- ▶ 동전 **coin** 코인 ▶ 교환 **operator** 아퍼뤠이러- ▶ 현지시간 **local time** 로커어 타임
- ▶ 동전을 넣다 **deposit** 디파짓 ▶ 지역번호 **area code** 에어뤼아 코우드
- ▶ 통화 **call** 커어

08 미용실, 이발소에서

Point 1 맞춤 표현

예약을 해야 합니까?
Is it necessary to make an appointment?
이짓 네쎄싸뤼 트 메이컨 어포인먼↗

지금 커트해 주실 수 있습니까?
Can you cut my hair now?
캐뉴 컷 마이 헤어 나우↗

가볍게 파마해 주세요.
I want to have a soft permanent.
아이 원트 해버 소프트 파아머넌트↘

Point 2 유용하게 쓸 수 있는 표현

☐ 커트만 해 주세요.
Haircut only, please.
헤어 캇 오운리 플리이스↘

☐ 머리를 감고 세트해 주세요.
Shampoo and set, please.
쉠푸-앤 셋 플리이스↘

☐ 이것과 같은 스타일로 해 주세요.
Make it the same style as this, please.
메이키더 쎄임 스타일 애스 디스 플리이스↘

☐ 머리를 염색해 주세요.
I'd like to my hair dyed, please.
아이드 라익트 마이 헤어 다이드 플리이스↘

☐ 샴푸는 필요 없습니다.

I don't need the shampoo.

아이 돈 니이더 쉠푸-↘

☐ 드라이기로 말려만 주세요.

Just blow it, please.

져스트 불로잇 플리이스↘

☐ 이발과 면도를 부탁합니다.

Haircut and shave, please.

헤어컷 앤 쉐입 플리이스↘

☐ 다듬어만 주세요.

Just a trim, please.

져스터 츄림 플리이스↘

☐ 가르마는 어느 쪽으로 타 드릴까요?

Where do you part your hair?

웨어 드유 파앗 츄어 헤어↘

☐ 왼쪽으로 타 주세요.

Please part it on the left.

플리이스 파아릿 안더 레프트↘

이발

어휘 뱅크

▶ 이발 **haircut** 헤어컷 ▶ 면도 **shave** 쉐이브 ▶ 이발기계 **clippers** 클리퍼-즈
▶ 가위 **scissors** 씨저즈 ▶ 뒤 **back** 백 ▶ 목부분 **neck** 넥 ▶ 윗부분 **top** 탑
▶ 양 옆 **sides** 싸이즈 ▶ 턱수염 **beard** 비어드 ▶ 콧수염 **moustache** 머스태-쉬
▶ 구렌나루 **sideburns** 싸이드버언즈

3. 호텔

04 우체국에서

Point 1 맞춤 표현

항공편으로 한국으로 보내 주세요.
Airmail to Korea, please.
에어메일 트 커뤼아 플리이스↘

이것의 우편요금은 얼마입니까?
What is the postage for this?
와리스더 파스티쥐 풔 디스↘

안에 무엇이 들었습니까?
What is in it?
와리스 인잇↘

Point 2 유용하게 쓸 수 있는 표현

☐ 이 근처에 우체국이 있습니까?
Is there a post office near here?
이스데어뤄 포우스트 어퓌스 니어- 히어-↗

☐ 중앙우체국은 어디 있습니까?
Where is the general post office?
웨어-리스 더 제너럴 포우스트 어퓌스↘

☐ 지금 영업하고 있습니까?
Is it open now?
이짓 오우펀 나우↗

☐ 어디에서 우표를 살 수 있습니까?
Where can I buy stamps?
웨어- 캐나이 바이 스탬스↘

☐ 25센트짜리 우표 5장 주세요.

Please give me five twenty-five cent stamps.

플리이스 깁미 화입 트웨니 화입 쎈트 스템스↘

☐ 이 편지를 등기로 부쳐 주세요.

Please register this letter.

플리이스 뤠쥐스터 디스 레러↘

☐ 등기로 보내면 언제 도착합니까?

How fast will it get there if I send it registered mail?

하우 패스트 윌잇 겟 데어 입파이 센잇 뤠쥐스터엇 메일↘

☐ 이 소포를 한국으로 부치고 싶습니다.

I'd like to send this parcel to Korea.

아이드 라익트 쎈 디스 파-써어 트 커뤼아↘

☐ 우편요금은 얼마입니까?

How much is the postage?

하우머취 이스 더 포우스티쥐↘

☐ 한국으로 선편으로 부쳐 주십시오.

By sea mail to Korea, please.

바이 씨이메일 트 커뤼아 플리이스↘

어휘 뱅크

▶ 속달 **express** 익스프뤠스 ▶ 등기 **registered mail** 뤠쥐스터엇 메일

▶ 전보 **telegram** 텔러그뤰 ▶ 착불 **C.O.D(collect on delivery)** 씨이 오우 디이

▶ 받는 사람 **receiver** 뤼씨-버- ▶ 보내는 사람 **sender** 쎈더-

▶ 우편번호 **zip code** 집 코웃 ▶ 풀 **glue** 글루우

우체국 이용

우편은 크게 First-Class Mail, Priority Mail, Express Mail로 나뉩니다. Express Mail이 제일 빠르고 비쌉니다. 우표는 우체국에서도 살 수 있지만 슈퍼마켓, 약국, 또는 우편이나 인터넷으로도 살 수가 있습니다. 대개가 자동 판매기 형식으로 되어 있어서 그림을 보고 고를 수가 있지만 특정한 그림이나 사진이 들어간 우표를 사려면 우체국에 가야 합니다.

소포를 부치는 경우에는 그 내용물과 대략적인 가격을 기록하게 되어 있습니다. 고가품인 경우에는 보험을 들어야 하므로 원하지 않는 경우에는 적당한 가격을 기록하면 됩니다. 포장에 필요한 물품들은 우체국에서 팔고 있지만 우편물 관련 상품들만을 전문적으로 취급하는 곳을 이용하는 것도 좋습니다.

편지 쓰는 법

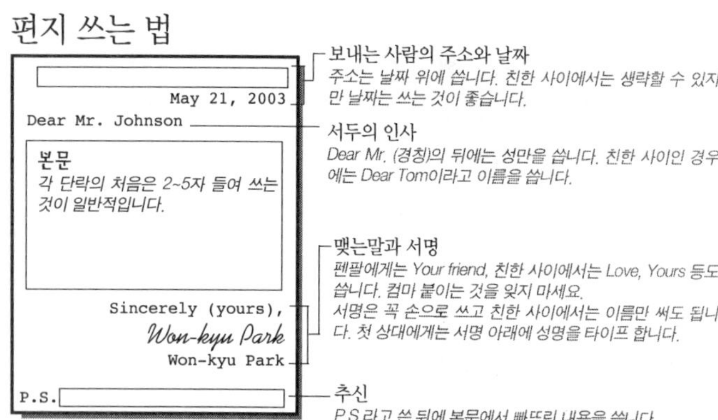

May 21, 2003
Dear Mr. Johnson
본문
각 단락의 처음은 2~5자 들여 쓰는 것이 일반적입니다.
Sincerely (yours),
Won-kyu Park
Won-kyu Park
P.S.
보내는 사람의 주소와 날짜
주소는 날짜 위에 씁니다. 친한 사이에서는 생략할 수 있지만 날짜는 쓰는 것이 좋습니다.
서두의 인사
Dear Mr. (경칭)의 뒤에는 성만을 씁니다. 친한 사이인 경우에는 Dear Tom이라고 이름을 씁니다.
맺는말과 서명
펜팔에게는 Your friend, 친한 사이에서는 Love, Yours 등도 씁니다. 컴마 붙이는 것을 잊지 마세요.
서명은 꼭 손으로 쓰고 친한 사이에서는 이름만 써도 됩니다. 첫 상대에게는 서명 아래에 성명을 타이프 합니다.
추신
P.S.라고 쓴 뒤에 본문에서 빠뜨린 내용을 씁니다.

엽서 쓰는 법

그림엽서인 경우 오른쪽에 받는 사람의 이름, 왼쪽에 내용을 씁니다. 주소 쓰는 법은 봉투 쓰는 법과 같습니다. 보내는 사람의 주소는 생략해도 좋고 쓸 때에는 우표 왼쪽에 쓰면 됩니다. 날짜는 생략형을 이용해도 됩니다. 맺는 말은 생략해도 되고 친한 사이에서 서명은 이름만 써도 됩니다.

편지봉투 쓰는 법

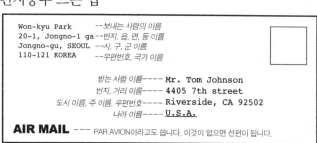

Won-kyu Park --*보내는 사람의 이름*
20-1, Jongno-1 ga--*번지, 읍, 면, 동 이름*
Jongno-gu, SEOUL --*시, 구, 군 이름*
110-121 KOREA --*우편번호, 국가 이름*

받는 사람 이름---- Mr. Tom Johnson
번지, 거리 이름---- 4405 7th street
도시 이름, 주 이름, 우편번호---- Riverside, CA 92502
나라 이름---- U.S.A.

AIR MAIL --- PAR AVION이라고도 씁니다. 이것이 없으면 선편이 됩니다.

전화 거는 방법

시내전화(local calls) 걸 때... 공중전화를 이용해서 시내 전화를 걸 때는 먼저 수화기를 들고 신호음이 들리면 기본요금(25~20센트인 경우가 많다)을 투입구(slot)에 넣고 시내번호를 돌립니다.

시외전화(long-distance calls)를 걸 때...공중전화를 이용해서 시외로 전화를 걸 때는 5, 10, 25센트 동전을 많이 준비해 둡니다. 넣은 동전은 반환되지 않는 점에 주의. 전화기에 따라 거는 방법이 다를 수 있습니다. 이 때는 주의 사항에 따라 전화를 합니다. 보통 기본요금→1(또는 0)→시외국번→시내국번→교환의 요금 안내→요금투입의 경우가 많습니다.

국제전화(International calls)를 걸 때

직통전화를 걸 때...교환을 통하지 않고 국제전화를 걸 때는 호텔의 외선번호, 체재국의 국제전화식별번호, 한국의 국가번호, 시외국번(첫자리 0은 생략). 시내번호순으로 걸면 바로 상대방이 나옵니다(아래는 미국에서 서울 (02) 123-4567으로 전화하는 경우를 예로 든 것입니다).

호텔의 외선번호 (8 또는 9인 경우가 많다) → 국제전화 식별 번호 (011) → 한국의 국가 번호 (82) → 시외국번 (첫자리 0을 빼면 서울은 2) → 시내국번 (123-4567)

교환을 통해 걸 때

호텔의 외선번호 → 0 → 교환이 나온다

A and C West Operator.

Overseas call to Korea, please.
This is Mr. Tom Smith, room 1007.

전화를 누가 받아도 좋다=번호통화 Station-to-station call	Station-to-station call, please. Phone number Seoul 2-123-4567.
전화상대가 정해져 있다=지명통화 Person-to-person call	Person-to-person call for Mr. Jinsu Kim, please. Phone number Busan 51-215-4890.
요금을 상대방이 지불한다=콜렉트 콜 Collect call	Collect call to Miss Sook Lee, please. Phone number Daegu 53-225-4567.

3. 호텔

10 호텔에서의 문제

Point 1 맞춤 표현

방을 바꾸고 싶습니다.
I'd like to change my room.
아이드 라익트 췌인쥐 마이 루움↘

키를 잃어버렸습니다.
I have lost my key.
아이햅 로스트 마이 키-↘

더운 물이 나오지 않습니다.
There is no hot water.
데어리스 노 핫 워러↘

Point 2 유용하게 쓸 수 있는 표현

☐ 마스터키를 부탁합니다.

The master key, please.

더 매스터- 키이 플리이스↘

☐ 열쇠를 방 안에 두고 나왔습니다.

I locked myself out.

아이 락트 마이세어퐈웃↘

☐ 문을 좀 열어 주시겠습니까?

Could you please open the door?

크쥬 플리이스 오우픈 더 도어↗

☐ 욕조물이 넘쳤습니다.

The water overflowed the bathtub.

더 워러 오-버플로엇 더 베쓰텁↘

☐ **화장실 물이 안 나옵니다.**

The toilet doesn't flush.

더 토일럿 더즌 플러쉬↘

☐ **화장실에 휴지가 없습니다.**

There is no toilet paper in my room.

데어리스 노 토일럿 페이퍼 인 마이 루움↘

☐ **옆 방이 매우 시끄럽습니다.**

The next room is very noisy.

더 넥스트 루움 이스 베뤼 노이지↘

☐ **잠을 못 자겠어요.**

I can't sleep.

아이 캔 슬리입↘

☐ **방이 아직 청소되지 않았습니다.**

My room hasn't been cleaned yet.

마이 루움 해즌 벤 클리인드 옛↘

☐ **시트가 더럽습니다.**

The sheets are dirty.

더 쉬잇츠 아- 더-리↘

☐ **좀더 깨끗한(조용한) 방을 부탁합니다.**

Cleaner(Quieter) one, please.

클리-너(크와이러) 원 플리이스↘

어휘 뱅크

▶ 에어컨 **air-conditioner** 에어-컨디셔너- ▶ 누수 **water leaking** 워러- 리이킹
▶ 방 온도 **room temperature** 루움 템퍼뤄춰- ▶ 비누 **soap** 소웁
▶ 수건 **towel** 타우어 ▶ 수도꼭지 **faucet** 풔-씻 ▶ 바퀴벌레 **cockroach** 카뤄우취

11 체크아웃

Point 1 맞춤 표현

체크아웃 부탁합니다.
Check out, please.
췌카웃 플리이스↘

영수증을 주세요.
Receipt, please.
뤼씨잇 플리이스↘

내일 아침 6시에 출발할 겁니다.
I'll leave at 6 tomorrow morning.
아일 리- 뱃 씩스 트마뤄우 모어닝↘

Point 2 유용하게 쓸 수 있는 표현

☐ 체크아웃 하려고 합니다. 계산서 좀 작성해 주세요.

I'm checking out. Please make out my bill.

아임 췌킹 아웃↘. 플리이스 메이카웃 마이 빌↘

☐ 1214호실의 김 수철입니다.

My name is Suchul Kim, Room 1214.

마이 네임 이스 수철 킴 루움 트웰브 풔-티인↘

☐ 포터를 보내 주세요.

Send a porter, please.

쎈더 포어-러- 플리이스↘

☐ 숙박요금은 얼마입니까?

How much is the charge?

하우머치 이스 더 좌쥐↘

☐ 이 신용카드로 지불하고 싶습니다.

I'd like to pay with this card.

아이드 라익트 페이 위디스 카-드↘

☐ 여행자수표로 지불해도 됩니까?

Can I pay you with a traveler's check?

캐나이 페이 유 위더 츄레블러-스 췌크↗

☐ (청구서를 보고) 여기가 좀 잘못되어 있는 것 같군요.

I think there's a mistake here.

아이 띵 데어-저 미스테익 히어-↘

☐ 이것은 무슨 요금입니까?

What is this charge for?

와리스 디스 촤-쥐 풔-↘

☐ 시외전화는 걸지 않았습니다.

I didn't make any long distance calls.

아이 디든 메이케니 롱 디스턴스 커어스↘

☐ 룸서비스는 이용하지 않았습니다.

I didn't get any room service.

아이 디든 겟 에니 루움 써어비스↘

어휘 뱅크

▶ 화물 **luggage** 러기쥐 ▶ 포터 **porter** 포어-러- ▶ 청구서 **bill** 비어
▶ 지불하다 **pay** 페이 ▶ 현금 **cash** 캐쉬
▶ 여행자수표 **traveler's check** 츄뤠블러-스 췌크
▶ 신용카드 **credit card** 크뤠릿 카-드 ▶ 영수증 **receipt** 뤼씨잇

팁에 관하여

국내에서는 계산시 10%의 봉사료가 포함되므로 따로 팁을 주지 않아도 되지만 해외에서는 팁이 필요합니다.

대상	액수
룸메이드	하루에 1달러 정도의 팁을 오전 외출시 베개 위에 두면 됩니다.
룸서비스	계산서의 15% 정도를 줍니다.
도어맨	주차를 해준다든지 주차해 놓은 차를 갖다주며 열쇠를 주고 받을 때 자연스럽게 1달러 정도 주면 됩니다.
벨맨	방을 안내해 주거나 짐을 들어 줄 때 50센트 정도 줍니다.
프론트 직원	프론트 직원에게는 팁을 주지 않아도 됩니다.
식당 웨이터	식사한 비용의 10% 정도를 테이블에서 계산을 하거나 계산서에 사인한 후 계산서를 전달할 때 주면 됩니다.
소믈리에	포도주나 주문한 술값의 15% 정도를 줍니다.
클로크룸	코트나 모자를 맡겼다가 찾을 때 25센드 정도 줍니다.

호텔에서의 사고와 처리 방법

사고	처리 방법
방열쇠를 방안에 두고 나왔을 때	보이에게 부탁해서 열어 달라고 합니다. 프론트에서 예비 열쇠를 받아 둡니다.
도난을 당했을 때	호텔 경비원에게 연락해서 경찰에 신고합니다. 만일을 대비해서 귀중품은 안전금고에 맡겨 두는 것이 좋습니다.
욕실 물이 넘쳤을 때	프론트나 메이드에게 연락합니다. 정도에 따라 배상금을 물어야 하는 경우가 있으므로 항상 조심해야 합니다.

SCENE

04

식사

Contents

레스토랑 이용하기

1 예약

대중 레스토랑인 경우 예약은 필요없고 직접 레스토랑 입구에서 인원수를 말하면 됩니다. 고급 레스토랑인 경우에는 호텔 프론트에서 예약을 부탁하거나 직접 레스토랑으로 전화 예약을 합니다.
고급 레스토랑에 갈 때는 복장에 주의해서 정장을 입는 것이 좋습니다.

2 레스토랑 입구에서 대기

예약을 했다 하더라고 입구에서 웨이터의 안내를 받아 테이블에 앉는 것이 예의입니다. 코트나 큰 가방은 임시보관소(Clock room)에 맡기고 표를 받아 둡니다. 맡겼던 가방을 찾을 때는 팁을 줍니다.

3 테이블로 안내 받는다.

4 음식을 주문한다

주문은 테이블 담당 웨이터가 메뉴판을 가져오면 그것을 보고 주문합니다. 아무 웨이터에게 주문하는 것은 실례. 와인을 마실 때는 웨이터가 잔에 약간 따라 주며 맛을 보기를 권하므로 맛이 괜찮다면 승낙하고 마시면 되고 술을 못하는 사람은 청량음료나 생수를 마시면 됩니다.
주문은 천천히 해도 되므로 충분히 생각하고 정하면 됩니다. 무엇을 먹을 지 모를 경우에는 웨이터에게 추천요리를 물어 보면 됩니다. 디저트는 메인요리가 끝난 다음에 합니다.

5 식사를 한다.

나이프와 포크는 바깥에 있는 것부터 사용하고 생선은 한쪽을 먹은 다음 뼈를 발라내고 뒤쪽을 먹습니다.

6 계산서를 부탁한다.

손을 들어 웨이터를 부르고 계산서를 갖다 달라고 합니다.

7 계산한다.

웨이터에게 직접 계산할 때는 팁으로 접시 위에 약간의 돈을 얹어 주는 것이 관습이고 계산대에서 계산할 경우 팁이 포함되어 있지 않을 때는 팁을 테이블 위에 놓고 계산서를 가지고 계산대로 가서 계산을 합니다. 신용카드로 계산을 할 때는 계산서에 사인을 하고 팁을 써 넣으면 됩니다.

테이블 메너

1. 식사 중에 큰소리로 이야기 하는 것은 실례입니다.
2. 내프킨은 음료가 나오기 전에 무릎 위에 얹습니다.
3. 커피나 국물 있는 음식을 소리내어 먹는 것은 실례입니다.
4. 다른 사람 앞에 있는 것은 집어 달라고 부탁합니다. 함부로 집어 오는 것은 실례입니다.
5. 나이프나 포크를 떨어뜨렸을 때는 자신이 줍지 말고 웨이터에게 새 것을 갖다 달라고 합니다.
6. 빵은 손으로 조금씩 떼어 먹습니다.
7. 식사 후 바로 식탁에 앉은 채로 이쑤시개 사용하는 것은 실례입니다.
8. 식사 후 화장을 고치려면 화장실로 가서 하고 담배는 디저트가 끝난 다음 주위사람들에게 물어보고 피웁니다.
9. 큰소리로 웨이츄레스를 부르는 것과 재촉하는 행동은 피해야 합니다.

01 레스토랑 찾기

Point 1 맞춤 표현

이 근처에 괜찮은 레스토랑이 있습니까?
Is there a good restaurant around here?
이스 데어뤄 귿 뤠스터란 어롸운 히어-↗

점심식사 하기에 적당한 레스토랑을 추천해 주시겠어요?
Can you recommend a good place for lunch?
캐뉴 뤼커멘더 귿 플레이스 풔 런치↗

가까운 레스토랑은 어디 있습니까?
Where is the nearest restaurant?
웨어리스 더 니어리스트 뤠스터란↘

Point 2 유용하게 쓸 수 있는 표현

☐ 이 근처에 있는 싸고 괜찮은 레스토랑을 소개해 주겠습니까?
Can you recommend a cheap and good restaurant near hear?
캐뉴 뢰커멘더 취입앤 귿 뤠스터란 니어-히어-↗

☐ 이 근처에 한식당이 있습니까?
Is there a Korean restaurant around here?
이스 데어뤄 커뤼언 뤠스터란 어롸운 히어-↗

☐ 해산물 요리를 먹고 싶습니다.
I'd like to have some seafood.
아이드 라익트 햅 썸 씨이푸웃↘

☐ 그 식당은 어디 있습니까?
Where is it located?
웨어- 리스잇 로우케이릿↘

☐ 그 식당은 가깝습니까?

Is it near here?

이짓 니어- 히어-↗

☐ 그다지 비싸지 않은 곳이 좋겠습니다.

Someplace not too expensive.

썸플레이스 낫 트 익스펜씹↘

☐ 조용한 곳이 좋겠습니다.

Someplace quiet.

썸플레이스 크와이엇↘

☐ 이 지역의 명물 요리는 무엇입니까?

What dish is this area known for?

왓 디쉬 이스 디스 에어리아 노운 풔-↘

☐ 이 지도에서 어디인지 가르쳐 주겠습니까?

Would you show me on this map?

으쥬 쇼우미 안디스 맵↗

☐ 택시로 가면 시간이 얼마나 걸리나요?

How many minutes by taxi?

하우메니 미니츠 바이 택씨↘

어휘 뱅크

▶ 싼 **inexpensive** 이닉스펜씹 ▶ 비싼 **expensive** 익스펜씹 ▶ 가까운 **near** 니어-
▶ 먼 **far** 퐈- ▶ 지방요리 **local food** 로우커어 푸웃 ▶ 편리한 **convenient** 컴비니언
▶ ~를 찾다 **look for ~** 룩 풔- ▶ 프랑스 식당 **French restaurant** 프렌취 뤠스터런
▶ 간이식당 **snack bar** 스낵 바 ▶ 일식당 **Japanese restaurant** 재패니즈 뤠스터런
▶ 중국식당 **Chinese restaurant** 촤이니즈 뤠스터런

02 예약할 때

Point 1 맞춤 표현

오늘밤 8시에 4인석을 예약하고 싶습니다.
I'd like to reserve a table for four at 8 tonight.
아이드 라익트 뤼져버 테이버 풔 풔어 앳 에잇 트나잇↘

금연석으로 부탁합니다.
Nonsmoking section, please.
난 스모-킹 쌕션 플리이스↘

정장을 해야 합니까?
Do I need to dress up?
드아이 니-드 트 쥬뤠-썹↗

Point 2 유용하게 쓸 수 있는 표현

☐ 예약을 해 주시겠습니까?

Can you make reservations for me?
캐뉴 메익 뤠저베이션스 풔 미↗

☐ 그 식당에 예약해 주십시오.

Make a reservation for the restaurant, please.
메이커 뤠저베이션 풔-더 뤠스터란 플리이스↘

☐ 5인실을 예약할 수 있습니까?

Can I book a room for five?
캐나이 북-커 루움 풔- 파입↗

☐ 일행은 몇 분이신가요?

How large is your party?
하우라쥐 이스 유어- 파-리↘

☐ 며칠, 몇 시에 하시겠습니까?

What day and what time do you need?

왓데이 앤 왓타임 드유 니잇-↘

☐ 오후 6시30분에 5명입니다.

Five people at 6:30 p.m.

파입 피이퍼어 앳 씩스 떠-리 피이엠↘

☐ 낸시라는 이름으로 예약해 주세요.

Put the reservation under the name of Nancy.

풋더 뤠저베이션 언더더 네임업 낸시↘

☐ 저녁 식사하려면 얼마나 듭니까?

How much do we need for the dinner?

하우머취 드위 니잇 풔- 더 디너-↘

☐ 복장에 관한 규정이 있습니까?

Is there a dress code?

이스 데어뤄 쥬뤠스 코웃↗

☐ 오늘밤 8시 예약을 취소하고 싶습니다.

I'd like to cancel my reservation for 8:00 tonight.

아이드 라익트 캔써어 마이 뤠저베이션 풔 에잇 트나잇↘

☐ 죄송하지만 그 시간에는 자리가 없습니다.

I'm sorry, but the seats are full at that time.

아임 싸뤼 밧 더 씨잇츠 아- 푸울 앳 댓 타임↘

어휘 뱅크

- ▶ (호텔의) 접객계 **concierge** 칸씨에어-쥐
- ▶ 쇼를 하는 **with a show** 위더 쇼우
- ▶ 장소 **location** 로우케이션
- ▶ 예약 **reservation** 뤠저-베이션
- ▶ 예산 **budget** 바짓
- ▶ 취소 **cancel** 캔써어
- ▶ 일행 **party** 파-리
- ▶ 시내지도 **city map** 씨리 맵

03 레스토랑 입구에서

Point 1 맞춤 표현

김수철이라는 이름으로 예약을 했습니다.
I have a reservation for Suchul Kim.
아이 해버 뤠저베이션 풔 수철 킴↘

창쪽 자리를 부탁합니다.
I'd like to sit by the window.
아이드 라익트 씻 바이더 윈도우↘

자리 있습니까?
Can we have a table?
캐뉘 해버 테이버↗

Point 2 유용하게 쓸 수 있는 표현

☐ 예약을 했습니다.

I have a reservation.

아이 해버 뤠저베이션↘

☐ 예약을 하지 않았습니다.

I don't have a reservation.

아이 돈 해버 뤠저베이션↘

☐ 일행이 몇 분이신가요?

How many in your party, sir?

하우메니 인유어- 파-리 써-↘

☐ 4인석 있습니까?

Table for four?

테이버 풔 풔어↗

☐ 금연석을 부탁합니다.

Non-smoking section, please.

난 스모-킹 쌕션 플리이스↘

☐ 지금은 자리가 없습니다.

No tables are available now.

노우 테이버어스 아- 어베일러버어 나우↘

☐ 대기자 명단에 제 이름을 올려 주시겠습니까?

Can you put my name on the list?

캐뉴 풋 마이 네임 안더 리스트↗

☐ 얼마나 기다려야 합니까?

How long do we have to wait?

하우롱 드위 햅트 웨잇↘

☐ 그러면, 기다리겠습니다.

We'll wait, then.

위어 웨잇 덴↘

☐ 미안하지만 이 자리가 마음에 안 듭니다.

I'm sorry, but we don't like this seat.

아임 싸뤼↘ 밧 위 돈 라익 디스 씨잇↘

☐ 저쪽으로 옮겨도 되겠습니까?

Could we move over there?

크드위 무웁 오버데어↗

어휘 뱅크

▶ 구석의 **in the corner** 인더 코-너 ▶ 창가의 **by the window** 바이더 윈도우
▶ 바깥의 **outside** 아웃싸이드 ▶ 3인용 테이블 **table for three** 테이블 풔 뜨리

04 음식을 주문할 때

Point 1 맞춤 표현

메뉴를 부탁합니다.
Menu, please!
메뉴 플리이스↘

주문을 받으시겠어요?
Will you take our order?
위류 테익 아우어 오어-러↗

이것과 이것을 먹겠습니다.
I'll have this and this.
아일 햅 디스 앤 디스↘

Point 2 유용하게 쓸 수 있는 표현

☐ (웨이터) 주문하시겠어요?

Are you ready to order?

아류 뤠리 트 오어-러↗

☐ 오늘의 특별메뉴가 있습니까?

Is there any special menu for today?

이스데어 에니 스페셔어 메뉴 풔 트데이↗

☐ 어떤 요리를 추천해 주시겠어요?

What do you suggest?

왓 드유 써줴스트↘

☐ 빨리 됩니까?

Can I have it right away?

캐나이 해빗 롸이러웨이↗

☐ 무엇이 빨리 됩니까?

What can you serve quickly?

왓 캐뉴 써-브 크위클리↘

☐ 어떤 맛입니까?

What does it taste like?

왓 더짓 테이스트 라익↘

☐ 이걸로 하겠습니다.

I'll take this one.

아일 테익 디스 원↘

☐ 잘(중간쯤 / 살짝) 구워 주세요.

Well-done(Medium / Rare), please.

웨어던(미리엄 / 뤠어) 플리이스↘

☐ (웨이터) 음료는 무얼 드시겠습니까?

What would you like to drink?

왓 으쥬 라익트 쥬륑크↘

☐ (웨이터) 다른 주문은 없습니까?

Anything else?

애니띵 에어스↗

☐ 없습니다. 그게 전부입니다.

No. That's all.

노우↘ 댓츠 오어↘

☐ (웨이터) 디저트는 무얼 드시겠어요?

What would you like to have for dessert?

왓 으쥬 라익트 햅 풔- 디저-트↘

05 식사 중에

Point 1 맞춤 표현

치즈를 좀 더 주시겠습니까?
Could I have a little more cheese, please?
크다이 해버 리틀 모-어 치-즈 플리이스↗

와인을 잔으로 주문할 수 있습니까?
May I order wine by the glass?
메아이 오어-러 와인 바이더 글래스↗

아직 식사 중입니다.
I'm still working on it.
아임 스틸 워-킹 안잇↘

Point 2 유용하게 쓸 수 있는 표현

☐ 겨자 있습니까?

Do you have mustard?

드유 햅 마스터엇↗

☐ 이것은 어떻게 먹는 것입니까?

How do I eat this?

하우 드아이 이잇 디스↘

☐ 저녁 아주 잘 먹고 있습니다.

We're enjoying our dinner.

위어- 인조잉 아우어- 디너-↘

☐ 이것은 맛있군요!

This is good!

디시스 귿↘

☐ 요리를 나눠 먹고 싶은데요.

We'd like to share the dish.

위드 라익트 쉐어- 더 디쉬↘

☐ 빵 좀 더 주시겠어요?

Can I have more bread?

캐나이 햅 모어- 브뤠드↗

☐ 소금(후추 / 물) 좀 주세요.

Salt(Pepper / Water), please.

솔트(페퍼 / 워러) 플리이스↘

☐ 디저트 메뉴 있습니까?

Do you have a dessert menu?

드유 해버 디저-트 메뉴↗

어휘 뱅크

▶ 해산물요리 **seafood** 씨이푸웃 ▶ 고기요리 **meat** 미잇 ▶ 생선요리 **fish** 퓌쉬
▶ 새요리 **poultry** 포울츄뤼 ▶ 오늘의 특별요리 **today's special** 트데이스 스페셔어
▶ 정식 **set menu** 셋 메뉴 ▶ 전채 **appetizer** 어퍼타이저- ▶ 주문 **order** 오더-
▶ 살짝 익힌 **rare** 뤠어- ▶ 알맞게 익힌 **medium** 미리엄
▶ 완전히 익힌 **well-done** 웰-던 ▶ 맛 **taste** 테이스트 ▶ 단 **sweet** 스위잇
▶ 신 **sour** 싸우어- ▶ 매운 **hot** 핫 ▶ 짠 **salty** 쏘어티 ▶ 쓴 **bitter** 비러-
▶ 조미료 **seasoning** 씨이즈닝 ▶ 설탕 **sugar** 슈거- ▶ 소금 **salt** 쏠트
▶ 후추 **pepper** 페퍼- ▶ 식초 **vinegar** 비니거- ▶ 겨자 **mustard** 마스터엇
▶ 마늘 **garlic** 가알릭 ▶ 지방특산 와인 **local wine** 로우커어 와인
▶ 하우스 와인 **house wine** 하우스 와인 ▶ 디저트 **dessert** 디저-트
▶ 푸딩 **custard pudding** 카스터엇 푸링 ▶ 샤베트 **sherbet** 셔-빗
▶ 슈크림 **cream puff** 크뤼임 파프 ▶ 수플레 **souffle** 수-플레이 ▶ 타트 **tart** 타앗
▶ 초콜릿 **chocolate** 춰컬릿

06 패스트푸드점에서

Point 1 맞춤 표현

햄버거 3개 싸 주세요.
Three hamburgers to go, please.
뜨뤼 햄버-거-스 트고우 플리이스↘

겨자는 빼 주세요.
No mustard, please.
노 마스터엇 플리이스↘

가게 안에서 먹어도 됩니까?
Can I eat in the shop?
캐나이 이잇 인더 샵↗

Point 2 유용하게 쓸 수 있는 표현

☐ 이 근처에 패스트푸드점 있나요?

Is there a fast food store around here?

이스 데어뤄 퐤스트푸웃 스토어- 어롸운 히어-↗

☐ 식사할 만한 게 있습니까?

Can I have something to eat?

캐나이 햅 썸띵 트 이잇↗

☐ 음료는 뭐가 있습니까?

What kind of drinks do you have?

왓 카인업 쥬링스 드유햅↘

☐ 햄버거 2개 하고 중간 사이즈 콜라 2잔 주세요.

Two hamburgers and two medium cokes, please.

투 햄버-거-스 앤 투우 미리엄 코욱스 플리이스↘

☐ 여기에서 먹겠습니다(싸 가지고 가겠습니다).

For here(To go), please.

풔- 히어- (트 고우) 플리이스↘

☐ (재료를 가리키며) 이것을 샌드위치에 넣어 주세요.

Put this in the sandwich, please.

풋 디신더 샌위취 플리이스↘

☐ (샌드위치는) 흰 빵으로 해 주세요.

I'd like white bread.

아이들 라익 와잇 브뤠드↘

☐ (주문은) 이게 전부입니다.

That's all.

대츠 오어↘

☐ 빈 자리입니까?

Is this seat taken?

이스 디스 씨잇 테이큰↗

☐ 포크는 어디 있습니까?

Where can I get forks?

웨어 캐나이 겟 풔억스↘

어휘 뱅크

▶ 왼쪽의 **to the left** 트더 레프트 ▶ 오른쪽의 **to the right** 트더 롸잇
▶ 위의 **above** 어바브 ▶ 밑의 **below** 빌로우 ▶ 아이스크림 **ice-cream** 아이스크림
▶ 밀크셰이크 **milk shake** 밀크쉐-익 ▶ 오렌지 주스 **orange juice** 오-린쥐 쥬스
▶ 토마토 주스 **tomato juice** 터마-토우 쥬스 ▶ 양파 **onions** 어년스
▶ 오이 **cucumber** 큐-컴버 ▶ 양배추 **cabbage** 캐비쥐
▶ 감자 **potatoes** 퍼테이토우즈 ▶ 고구마 **sweet potatoes** 스윗- 퍼테이토우즈

4. 식사

07 술 마실 때

Point 1 맞춤 표현

스카치위스키에 물을 타 주세요.
Some Scotch whisky and water, please.
썸 스캇치 위스키 앤 워러 플리이스↘

건배!
Cheers!
취어-스↘

얼음을 타서 주세요.
On the rocks, please.
안더락스 플리이스↘

Point 2 유용하게 쓸 수 있는 표현

□ 어떤 맥주가 있습니까?
What kind of beer do you have?
왓 카인업 비어- 드유 햅↘

□ 생버드와이저 2잔 주세요.
Two Budweisers on tap, please.
투 벗와이저-스 안 탭 플리이스↘

□ 물 탄 스카치 위스키 2잔 주세요.
Two Scotch and waters, please.
튜 스카천 워러-스 플리이스↘

□ 먹을 것 좀 있습니까?
Do you have something to eat?
드유 햅 썸띵 트 이잇↗

☐ 술 한 잔씩 더 따라 주세요.

Give us all a refill, please.

기버스 오어러 리-필 플리이스↘

☐ 와인에 어울리는 안주는 무엇이 있습니까?

What food do you have to go with your wine?

왓 푸웃 드유햅터 고우 윗 유어 와인↘

☐ 건배! 건강을 위하여!

Cheers! To your health!

취어-스↘. 투유어- 헤어쓰↘

☐ 한 잔 더 주세요.

Another one, please.

어나더- 원 플리이스↘

☐ 제가 사는 겁니다.

It's on me, please.

이츠 온미 플리이스↘

어휘 뱅크

▶ 얼음 탄 **on the rocks** 온더 락스
▶ 물 탄 위스키 **whisky and water** 위스키앤 워러-
▶ 생맥주 **draft beer** 쥬뤠프트 비어- ▶ 흑맥주 **stout** 스타웃
▶ 지방 특산 맥주 **local beer** 로우커어 비어- ▶ 쉐리주 **sherry** 쉐뤼
▶ 칵테일 **cocktail** 칵테이어 ▶ 브라디 메리 **bloody Mary** 블라디 메리
▶ 맨하탄 **manhattan** 맨해튼 ▶ 마티니 **martini** 마-티-니
▶ 단 맛이 나는 **sweet** 스윗- ▶ 거품이 이는 **sparkling** 스파클링
▶ 씁쓸한 **dry** 쥬라이 ▶ 보드카 **vodka** 보드카 ▶ 꼬냑 **cognac** 코냑
▶ 럼 **rum** 럼 ▶ 브랜디 **brandy** 브랜디 ▶ 백포도주 **white wine** 화잇 와인
▶ 적포도주 **red wine** 레드 와인 ▶ 차지 않은 **unchilled** 언칠드
▶ 더 싼 **cheaper** 치-퍼 ▶ 숙취 **hangover** 행오우버-

4. 식사

08 레스토랑에서의 문제

Point 1 맞춤 표현

이건 제가 주문한 게 아닙니다.

This is not my order.

디시스 낫 마이 오어-러↘

주문한 음식이 아직 안 나왔어요.

My order hasn't come yet.

마이 오어-러 해즌 컴 옛↘

바꿔 주시겠습니까?

Would you please exchange it?

으쥬 플리이스 엑스췌인-짓↗

Point 2 유용하게 쓸 수 있는 표현

☐ 오래 걸립니까?

Will it take much longer?

위릿 테익 마취 롱거-↗

☐ 주문한 것 좀 빨리 갖다 주시겠습니까?

Would you rush my order?

으쥬 롸쉬 마이 오어-러↗

☐ 스테이크가 아직 안 나왔습니다.

I don’t have my steak.

아이돈 햅 마이 스테-익↘

☐ 30분 전에 주문했어요.

I ordered thirty minutes ago.

아이 오어더드 떠리 미닛 어고우↘

☐ 고기가 덜익은 것 같은데요.

I'm afraid this meat isn't done well.

아임 어프레잇 디스 미잇 이즌 단 웰↘

☐ 커피가 식었습니다.

My coffee got cold.

마이 카퓌 갓 코울드↘

☐ 수프에 뭐가 들어 있는데요.

There's something in the soup.

데어-스 썸띵 인더 수웁↘

☐ 주문을 바꿔도 되겠어요?

Can I change my order?

캐나이 췌인쥐 마이 오어-러↗

☐ 제 주문을 취소하고 싶습니다.

I want to cancel my order.

아이 원트 캔써어 마이 오어-러↘

어휘 뱅크

▶ 늦는 **late** 레잇 ▶ 불평하다 **complain** 컴플레인 ▶ 주문하다 **order** 오어-러-
▶ 다시 **again** 어겐 ▶ 실수 **mistake** 미스테익 ▶ 변명 **excuse** 익스큐스
▶ 수석웨이터 **head waiter** 헷 웨이러- ▶ 부르다 **call** 커어

09 계산할 때

Point 1 맞춤 표현

계산서 주세요.
Check, please!
첵 플리이스↘

각자 계산하고 싶습니다.
We want to pay separately.
위 원-트 페이 쎄퍼릿리↘

거스름돈을 잘못 받았습니다.
You gave me the wrong change.
유 게입미 더 렁 췌인쥐↘

Point 2 유용하게 쓸 수 있는 표현

☐ 어디서 계산을 합니까?
Where do I pay the bill?
웨어 드아이 페이 더 빌↘

☐ 내가 내겠습니다.
I'll pick up the tap.
아일 피컵더 탭↘

☐ 각자 따로 계산해 주세요.
Separate checks, please.
쎄퍼릿 첵스 플리이스↘

☐ 이 신용카드 받습니까?
Do you accept this credit card?
드유 억쌥 디스 크레릿 카-드↗

☐ (계산서를 보고) **봉사료가 포함되어 있습니까?**

Is the service charge included?

이스 더 써어비스 촤-쥐 잉클루릿↗

☐ **계산서에 잘못이 있네요.**

There's a mistake in the bill.

데어-저 미스테익 인더 빌↘

☐ **나는 이것을 주문하지 않았습니다.**

I didn't order this.

아이 디든 오어-러 디스↘

☐ **계산을 다시 한 번 해 주시겠습니까?**

Could you please check our bill again?

크쥬 플리이스 첵 아우어 빌 어겐↗

☐ **이건 당신에게 드리는 팁입니다.**

This is a tip for you.

디시서 팁 풔 유↘

☐ **잔돈은 가지세요.**

Keep the change.

키입더 췌인쥐↘

어휘 뱅크

- ▶ **청구서 check** 췌크 / **bill** 빌
- ▶ **봉사료 service charge** 써어비스 촤-쥐
- ▶ **거스름 돈 change** 췌인쥐
- ▶ **지불하다 pay** 페이
- ▶ **합계금액 sum** 썸
- ▶ **계산 calculation** 캘큘레이션
- ▶ **신분증 ID card** 아이디이 카-드
- ▶ **정정하다 correct** 커렉트

레스토랑에서의 문제와 처리 방법

문제	처리 방법
주문과 다른 음식이 나왔을 때	주문한 음식이 아니라는 것을 말하고 바꿔 달라고 하면 됩니다. 주문할 때 음식 이름을 적어 웨이터에게 보여 주면 이런 실수를 줄일 수 있습니다.
양이 많아서 다 먹을 수 없을 때	고급 레스토랑인 경우를 제외하고 남은 음식을 싸달라고 하는 것은 실례가 아닙니다. 따라서 싸줄 수 있는가를 물어보고 된다면 싸달라고 합니다. 서양의 음식은 1인분의 양이 우리 보다는 많은 편이므로 이 점을 알아두고 적당히 주문하는 것이 좋습니다.
정장을 하지 않아 입장할 수 없을 때	정장을 빌려 주는 곳이 있으므로 물어보고 빌려 입으면 됩니다. 고급 레스토랑에 갈 때는 반드시 정장을 입어야 하는가를 예약시에 물어 보는 것이 좋습니다.
계산서가 잘못되었을 때	계산이 틀리는 일은 흔한 일이므로 반드시 확인을 하고 틀린 부분이 있을 때는 하나씩 점검해서 정정을 부탁합니다. 특히 봉사료나 세금이 포함되어 있는지 아닌지를 잘 확인해 봐야 합니다.

SCENE

05

관광

Contents

미국 관광정보

영화, 연극과 음악

미국 내의 영화관 수는 엄청나고 한 건물에 18개의 영화관이 있는 곳도 있습니다. 전세계에서 영화산업이 가장 발전된 곳이 미국이고 지금도 수많은 영화가 제작, 상영되고 있으므로 국내에 수입되지 않은 최신 영화를 즐길 수 있습니다.

각 신문의 목요판이나 일요판에 영화에 대한 정보가 실리므로 참고하면 즐길 수 있는데 유명한 영화는 두세 시간 정도 기다려야 하는 것이 보통입니다. 또한 대부분의 영화관에는 지정석이 없고 상영되는 영화는 모두 무삭제(no cut) 영화입니다.

주의할 점은 영화의 내용에 따라 제목 옆에 기호를 달아 관람할 수 있는 나이를 제한하고 있다는 것입니다. G(general audience)는 누구나 즐길 수 있는 영화, PG (Parental Guidance)는 나이 제한은 없지만 부모의 허가가 필요하고, R(Restricted)은 17세 이하는 입장금지이지만 보호자가 동반할 때는 관람할 수 있습니다. 또한 X(eXclusive)는 성인영화로 18세 이하는 관람 수 없습니다.

세계에서 유명한 뮤지컬이나 연극을 볼 수 있는 곳도 미국입니다. 매년 많은 미국인과 외국인들이 수준 높은 브로드웨이의 공연을 관람하기 위해 뉴욕을 찾습니다. 뉴욕에서는 한 시즌에 50여 편의 연극이 제작되어 브로드웨이에서 초연이 됩니다. 이밖에도 지역 극단의 활동도 매우 활발합니다. 히트작은 몇 년 동안 공연해 오고 있는 경우도 많습니다.

연극 공연은 보통 오후 7시 30분에서 8시에 시작되지만 토요일에는 낮 2시부터의 공연도 있습니다. 티켓은 몇 개월 전에 매진되는 경우도 흔한 일이지만 공연시작 1~2시간 전에 매표소에서 기다리면 취소표를 구할 수 있는 경우도 있습니다. 낮 공연 티켓은 밤공연 보다는 싼 편이고 공연정보는 지역 신문을 보면 나와 있습니다.

음악이 폭발적인 인기를 얻고 있는 미국에서는 팝 음악가는 물론이고 클래식 분야에서도 세계 최상급의 오케스트라를 갖고 있습니다.

미국 음악을 직접 듣고 느끼고 싶으면 음악당, 클럽, 도시의 콘서트 홀을 찾아가면 됩니다. 거의 매일 전국 어디에서나 연주회가 열리고 있습니다. 연주 시작시간은 보통 오후 8시이고 일요일에도 열리며 입장료는 한국보다 싼 편입니다.

지역에 따라 전통적으로 강세인 음악이 있어서 뉴욕·필라델피아·클리블랜드·보스톤에서는 클래식이 유명하고, 뉴올리온스·시카고·세인트루이스에서는 재즈와 블루스, 내슈빌·휴스턴·멤피스에서는 컨트리, 로스앤젤레스와 오클랜드에서는 랩이 유명합니다.

음악과 미술

미술관이나 박물관에는 고대의 공예품, 미술품에서부터 현대의 컴퓨터 미술까지 다양하게 전시하고 있습니다. 대부분의 모든 도시에 한두 개의 미술관과 박물관이 있습니다. 그중에서 가장 유명하고 인기있는 미술관은 뉴욕의 메트로폴리탄 미술관·워싱턴 국립미술관·시카고 미술관·보스턴 미술관 등을 들 수 있습니다. 이외에도 역사·자연사·과학·고고학 등의 다양한 박물관이 수도 없이 많습니다. 입관료는 무료인 곳이 많고 유료인 곳도 2달러~5달러 정도면 입장할 수 있으므로 부담없이 즐길 수 있습니다.

매트로폴리탄 미술관(Metropolitan Museum of Art)

총면적 13만㎡의 메트로폴리탄 미술관은 센트럴파크 동쪽 끝에 위치하고 있으며 2백만여 점의 소장품을 보유하고 있습니다. 세계적인 명성을 얻고 있는 이곳의 상설 전시관에는 그리스, 로마, 이집트, 유럽, 동양, 아프리카, 이슬람, 20세기 이전 미술품 등이 전시되고 있습니다. 아스터 코트(The Astor Court)에는 명나라 시대 중국 정원을 재현해 놓고 있습니다. 입장료에 포함되지 않는 특별 전시회가 자주 개최되므로 사전에 확인해 보는 것도 좋습니다.

자연사 박물관(American Museum of Natural History)

1875년 문을 연 미국 자연사 박물관은 세계 제일의 자연사 박물관으로 수십억년의 자연 예술품들이 가득찬 지구 박물관이라고 말할 수 있습니다. 실제적으로 뉴욕에서 가장 크고 메트로 폴리탄 박물관 다음으로 방문객이 많은 필수 인기 관광 코스 중 하나입니다.

미국 자연사 박물관에는 공룡 화석을 비롯해 동물, 지리, 인류, 생물 관련 전시물 3,400만여 점 이상을 전시하고 있습니다. 이밖에 대형 스크린의 네이처 아이맥스 영화관, 헤이든 플라네타리움 등에서 자연과 관련된 영상물과 자료를 관람할 수 있습니다.

5. 관광

01 관광안내소에서

Point 1 맞춤 표현

시내지도를 얻을 수 있습니까?

Can I have the city map?

캐나이 햅더 씨리 맵↗

박물관 휴관일은 언제입니까?

What day of the week is the museum closed?

왓 데이 어브더 위익 이스 더 뮤지엄 클로우즈드↘

관광안내 책자 한 권 주시겠어요?

Can I have a sightseer's pamphlet?

캐나이 해버 싸잇씨어-스 팸플릿↗

Point 2 유용하게 쓸 수 있는 표현

☐ 관광버스 안내서 없습니까?

Do you have any brochures for the sightseeing bus?

드유 햅 에니 브로슈어스 풔 싸잇씨잉 바스↗

☐ 시내관광을 하고 싶습니다.

I'd like to see some city sights.

아이드 라익트 씨- 썸 씨리 싸이츠↘

☐ 여기서 예약할 수 있습니까?

Can I make a reservation here?

캐나이 메익커 뤠저베이션 히어-↗

☐ 몇 시에 열어서 몇시에 닫습니까?

What time does it open and what time does it close?

왓 타임 더즈잇 오우픈 앤 왓 타임 더즈잇 클로우스↘

☐ 뉴욕에서 볼만한 게 무엇이 있습니까?

What would you recommend me to see in New York?

왓 으쥬 뤠커멘미 트씨- 인 뉴-욕↘

☐ 이 도시의 주요 관광명소는 어디입니까?

What are the major tourist attractions in this city?

와라- 더 메이져 투어뤼스트 어트랙-션스 인디스 씨리↘

☐ 여기서 가장 경제적으로 여행할 수 있는 방법은 무엇입니까?

What's the cheapest way of traveling here?

와츠 더 치-피스트 웨이 어브 츄레블링 히어-↘

☐ 뉴욕에 이틀간 머무를 예정인데 어떤 관광이 좋겠습니까?

I have two days in New York. What do you suggest I do?

아이 햅 투 데이스 인 뉴-욕. 왓 드유 써줴스트 아이두↘

관광

어휘 뱅크

▶ 이 길에 **on this street** 온 디스 스츄뤼잇 ▶ 이쪽 **this side** 디스 싸이드
▶ 반대쪽 **opposite side** 아퍼짓 싸이드 ▶ 모퉁이에 **on the corner** 온 더 코어-너-
▶ ~다음에 **next to~** 넥스트 ▶ ~앞에 **in front of~** 인프러닙 ▶ 돌아가다 **go back** 고우 백
▶ 대로(大路) **boulevard(blvd.)** 불러바아-드 ▶ 신호등 **traffic light** 츄래픽 라이츠
▶ 박물관 **museum** 뮤지엄 ▶ 미술관 **art museum** 아-앗 뮤지엄
▶ 지하철(철도)역 **subway(railway) station** 써브웨이(뤠일웨이) 스테이션
▶ 시내 **downtown** 다운타운 ▶ 공중전화 **pay phone** 페이 포운
▶ 상점가 **shopping street** 샤핑 스츄뤼잇 ▶ 성 **castle** 캐써어 ▶ 강 **river** 뤼버-
▶ 다리 **bridge** 브뤼쥐 ▶ 보도 **sidewalk/pavement** 싸잇웍 페이브먼트
▶ 신발가게 **shoe store** 슈-스토어- ▶ 약국 **pharmacy** 파-머씨
▶ 드럭스토아 **drug store** 즈락 스토어- ▶ 꽃가게 **flower shop** 플라우어- 샵
▶ 담배가게 **tobacco shop** 터배코우 샵 ▶ 방향 **direction** 즈렉션
▶ 광장 **plaza/square** 플래저 스크웨어- ▶ 분수 **fountain** 퐈운틴
▶ 교차로 **intersection** 인터-섹션 ▶ 가로수 **tree-lined street** 츄뤼-라인드 스츄뤼잇
▶ 횡단보도 **cross walk** 크롸스 워억 ▶ 성당 **cathedral** 커띠쥬뤄어 ▶ 은행 **bank** 뱅크
▶ 우체국 **post office** 포우스트 어퓌스 ▶ 버스정류장 **bus stop** 바스탑

5· 관광

02 길묻기

Point 1 맞춤 표현

실례지만...
Excuse me...
엑스큐스미↘

센트럴파크로 가는 길을 가르쳐 주시겠어요?
Could you tell me the way to Central Park?
크쥬 테얼미 더 웨이 트 쎈츄럴 파-크↗

여기서 가깝습니까?
Is it near here?
이짓 니어- 히어-↗

Point 2 유용하게 쓸 수 있는 표현

☐ ~가는 길 좀 가르쳐 주시겠습니까?

How can I get to ~?

하우 캐나이 겟트

☐ 길 좀 가르쳐 주시겠습니까?

Can you give me some directions?

캐뉴 깁미 썸 드렉션스↗

☐ 지금 제가 있는 곳이 어디입니까?

Where am I now?

웨어 애마이 나우↘

☐ 이 거리 이름은 무엇입니까?

What is the name of this street?

와리스 더 네임 업 디스 스트릿↘

길안내

□ 우체국으로 가는 방향을 가르쳐 주시겠어요?

Could you direct me to the post office?

크쥬 드렉미 트더 포우스트 어퓌스↗

□ 이 길로 가면 센트럴파트가 나옵니까?

Does this road go to Central Park?

더즈 디스 로-드 고우트 쎈츄럴 파-크↗

□ ~호텔은 여기서 멉니까?

Is the ~ Hotel far from here?

이스더 ~호테어 파- 프럼 히어-↗

□ 더 가까운 길이 있습니까?

Is there a shorter way?

이스데어러 쇼어러 웨이↗

□ 이 지도에 표시해 주시겠어요?

Will you show me on this map?

위류 쇼우미 안디스 맵↗

□ 걸어서 얼마나 걸립니까?

How long does it take on foot?

하우롱 더짓 테익 안 푸웃↘

□ 약도를 그려 주시겠어요?

Could you draw a map for me?

크쥬 드로우 어 맵 풔 미↗

□ 좀더 자세히 길을 안내해 주시겠어요?

Do you have any clearer directions?

드유 햅 에니 클리어러 드렉션스↗

03 관광버스

Point 1 맞춤 표현

여기서 예약할 수 있습니까?
Can I make a reservation here?
캐나이 메이커 뤠져베이션 히어-↗

표는 어디서 살 수 있습니까?
Where can I buy a ticket?
웨어 캐나이 바이 어 티킷↘

어른 둘, 아이 둘입니다.
Two adults and two children.
투 어다어츠 앤 투 췰드런↘

Point 2 유용하게 쓸 수 있는 표현

☐ 시내관광버스 없습니까?
Are there any city sightseeing buses?
아-데어 에니 씨리 싸잇씨-잉 바시즈↗

☐ 하루(반나절)코스 있습니까?
Is there an all-day(a half-day) tour?
이스데어런 오울 데이(어 해-프 데이) 투어↗

☐ ~호텔에서 탈 수 있습니까?
Can I join the tour at the ~ Hotel?
캐나이 조인 더 투어 앳더 ~ 호테어↗

☐ 1인당 비용은 얼마입니까?
What's the rate per person?
와츠 더 뤠잇 퍼 퍼-슨↘

☐ 시간은 얼마나 걸립니까?

How long does it take?

하우롱 더짓 테익↘

☐ 몇 시 출발입니까?

When can I get it?

웬 캐나이 게릿↘

☐ 어디서 출발합니까?

Where does it start?

웨어 더짓 스타앗↘

☐ 식사포함입니까?

Are any meals included?

아- 에니 밀스 인클루-릿↗

☐ 아이 할인 요금은 있습니까?

Is there a special fare for children?

이스데어러 스페셔어 페어 풔 췰드런↗

☐ 7월 20일 오전관광을 예약하고 싶습니다.

I want to make a reservation for morning tour, the 20th of July.

아이 원트 메이커 뤠져베이션 풔 모어닝 투어 더 트웨티쓰 업 쥴라이↘

관광

어휘 뱅크

▶ 관광버스 **sightseeing bus** 싸잇씨잉 바스

▶ 관광명소 **tourist spot** 투어뤼스트 스팟 ▶ 시내지도 **city map** 씨리 맵

▶ 무료 **free** 프뤼- ▶ 팜플렛 **brochure** 브뤄슈어-

▶ 집합장소 **place of meeting** 플레이섭 미이링

▶ 집합시간 **time of meeting** 타이멉 미이링

04 미술관, 박물관에서

Point 1 맞춤 표현

입장료는 얼마입니까?
How much is the admission?
하우머취 이스디 엇미션↘

어른 2장 주세요.
Two adults, please.
투 어다어츠 플리이스↘

폐관시간은 언제입니까?
What is the closing time?
와리스 더 클로우징 타임↘

Point 2 유용하게 쓸 수 있는 표현

☐ 안내서 있습니까?
Do you have any brochures?
드유햅 에니 브로슈어스↗

☐ 가이드 안내는 있습니까?
Do you have a guided tour?
드유 해버 가이릿 투어↗

☐ 가방을 맡겨야 합니까?
Should I check my bag?
슈다이 첵 마이 백↗

☐ (신분증을 보이며) 할인해 줄 수 있습니까?
Can you give me a discount?
캐뉴 깁미어 디스카운↗

☐ **어른표 4장 아이표 2장 주세요.**

Four adults and two children, please.

풔 어다아츠 앤 투 췰드런 플리이스↘

☐ **르느와르의 작품은 어디에 있습니까?**

Where are the works of Renoir?

웨어-아- 더 워억스 업 뢰놔-↘

☐ **박물관 입장료는 얼마입니까?**

What's the admission fee to the museum?

왓츠 디 엇미션 피- 트더 뮤지엄↘

☐ **여기에서 사진을 찍어도 됩니까?**

May I take pictures here?

메아이 테익 픽쳐-스 히어-↗

☐ **플래쉬를 사용해도 됩니까?**

May I use a flash?

메아이 유-저 플래쉬↗

☐ **화장실은 어디 있습니까?**

Where's the rest room?

웨어-스 더 뤠스트 루움↘

어휘 뱅크

▶ 입구 **entrance** 엔츄런스 ▶ 출구 **exit** 엑짓 ▶ 화장실 **rest room** 뤠스트루움
▶ 선물가게 **gift shop** 기프트 샵 ▶ 안내서 **brochure** 브뤄슈어-
▶ 작품 **works** 워-억스 ▶ 성 **castle** 캐-슬 ▶ 박물관 **museum** 뮤지엄
▶ 궁전 **palace** 팰리스 ▶ 사원 **cathedral** 커띠- 드럴

5· 관광

05 사진을 찍을 때

Point 1 맞춤 표현

미안하지만 우리 사진 좀 찍어 주시겠어요?
Excuse me. Would you please take our picture?
엑스큐스미↘. 으쥬 플리이스 테익 아우어 픽쳐-↗

저와 같이 찍으시겠어요?
Would you pose with me?
으쥬 포우즈 윗미↗

한 장 더 부탁합니다.
One more, please.
원 모어 플리이스↘

Point 2 유용하게 쓸 수 있는 표현

☐ 여기서 사진을 찍어도 됩니까?
May I take pictures here?
메아이테익 픽쳐-스 히어-↗

☐ 후레쉬를 사용해도 됩니까?
May I use a flash?
메아이 유-저 플레쉬↗

☐ 캠코더를 찍어도 되겠습니까?
May I use a camcorder?
메아이 유-저 캠-코러↗

☐ 실례지만 셔터 좀 눌러 주시겠습니까?
Excuse me! Would you press the shutter?
엑스큐스미↘. 으쥬 프레스 더 셔러↗

☐ **이걸 누르시기만 하면 됩니다.**

Just press this.

져스트 프레스 디스↘

☐ **당신의 사진을 찍어도 되겠습니까?**

May I take your picture?

메아이 테이큐어- 픽쳐-↗

☐ **함께 사진을 찍읍시다.**

Let's take a picture together.

렛츠 테이커 픽쳐- 트게더-↘

☐ **당신에게 이 사진을 보내 드리겠습니다.**

I'll send you this picture.

아어 쎈쥬우 디스 픽쳐-↘

☐ **성함과 주소를 적어 주십시오.**

Write down your name and address, please.

롸잇 다운 유어- 네임 앤 애쥬뤠스 플리이스↘

☐ **필름이 몇 장 남아 있습니까?**

How many exposures are left?

하메니 익스포져스 아- 렙트↘

☐ **35밀리 필름 한 통 주세요.**

I need a roll of 35mm film, please.

아이 니-더 로울업 떠리퐈입 밀리미러스 휘엄 플리이스↘

어휘 뱅크

▶ 웃어요! **Say cheese!** 쎄이 취이스 ▶ 귀여운 **pretty** 프뤼리 ▶ 한국인 **Korean** 커뤼언
▶ 여행자 **tourist** 투어뤼스트 ▶ 플래시 사용금지 **No flash** 노우 플래쉬
▶ 촬영금지 **No photographs** 노우 풔로우그랩스 ▶ 지역사람 **local** 로우커어

06 극장, 콘서트

Point 1 맞춤 표현

~을 보고 싶습니다
I want to see ~.
아이 원-트 씨-↘

오페라는 어디서 볼 수 있습니까?
Where can I see an opera?
웨어 캐나이 씨- 안 아퍼러↘

여기서 표를 살 수 있습니까?
Can I buy the ticket here?
캐나이 바이더 티킷 히어-↗

Point 2 유용하게 쓸 수 있는 표현

☐ 뮤지컬을 보고 싶습니다.

We'd like to see a musical.

위들 라익트 씨-어 뮤지커어↘

☐ 이번 주 클래식 콘서트는 없습니까?

Are there any classical concerts this week?

아-데어- 애니 클래시커 칸써-츠 디스 위익↗

☐ 어디에서 표를 살 수 있습니까?

Where can I get a ticket?

웨어- 캐나이 게러 티킷↘

☐ 오늘 표는 아직 남아 있습니까?

Are tickets still available for today?

아- 티키츠 스티어 어베일러버어 풔- 트데이↗

☐ 내일 밤 표를 2장 주세요.

Two for tomorrow night, please.

투 풔- 트마뤄우 나잇 플리이스↘

☐ 오는 금요일 뮤지컬 표 2장 주시겠어요?

Can I have two tickets for the musical for next Friday?

캐나이 햅 투 티키츠 풔 뮤지커어 풔 넥스트 프라이데이↗

☐ 좋은 자리로 부탁합니다.

I want a good seat.

아이 워너 긑- 씨잇↘

☐ 언제 자리가 있습니까?

When are there seats available?

웬 아-데어 씨잇츠 어베일러버어↘

☐ 몇 시에 시작합(끝납)니까?

What time does it start(end)?

왓타임 더짓 스타앗(엔)↘

☐ 택시로 (극장까지) 얼마나 걸립니까?

How many minutes by taxi?

하메니 미니츠 바이 택씨↘

☐ 제 자리로 안내해 주세요.

Please show me to my seat.

플리이스 쇼우 미 트 마이 씨잇↘

어휘 뱅크

- ▶ 매표소 **box office** 박스 어퓌스
- ▶ 예매권 **advance ticket** 엇밴스 티킷
- ▶ 지정석 **reserved seat** 뤼저-브드 씨잇
- ▶ 특별석 **special seat** 스페셔어 씨잇
- ▶ 좌석 열 **row** 뤄우
- ▶ 좌석 안내인 **usher** 아셔-
- ▶ 임시 보관소 **cloakroom** 클로우크루움
- ▶ 휴식시간 **intermission** 인터-미션

07 테니스, 골프, 승마

Point 1 맞춤 표현

~을 하고 싶습니다.
I want to ~.
아이 원- 트↘

오늘 할 수 있습니까?
Can we play today?
캐뉘 플레이 트데이↗

(골프)입장료는 얼마입니까?
How much is the green fee?
하우머취 이스 더 그뤼인 퓌-↘

Point 2 유용하게 쓸 수 있는 표현

☐ 우리는 테니스(골프)를 하고 싶습니다.
We'd like to play tennis(golf).
위드 라익트 플레이 테니스(거어프)↘

☐ (골프) 그 요금에는 카트 사용료가 포함되어 있나요?
Does that include a cart?
더스 댓 잉클루우더 카-앗↗

☐ (골프) 몇 시에 티오프 할 수 있습니까?
When can we tee-off?
웬 캐뉘 티-오프↘

☐ (테니스) 근처에 퍼블릭 코트 있습니까?
Is there a public court near here?
이스 데어뤄 파블릭 코어-엇 니어- 히어-↗

☐ 승마를 해보고 싶습니다.

I'd like to try horseback riding.

아이드 라익트 츄롸이 호어-스백 롸이링↘

☐ 저는 초보자입니다.

I'm a beginner.

아이머 비기너-↘

☐ 초보자에게 안전한 건가요?

Is it safe for beginners?

이짓 세이프 풔- 비기너-스↗

☐ 얼마나 타는 건가요?

How long is the ride?

하우롱 이스 더 롸잇↘

☐ 코스는 어디 있습니까?

Where's the course?

웨어-스 더 코어-스↘

☐ 1시간에 얼마입니까?

How much for an hour?

하우머취 풔- 애나우어-↘

어휘 뱅크

▶ 차례 **turn** 터-언 ▶ 기다리다 **wait** 웨잇 ▶ 시작하다 **start** 스타-앗
▶ 마치다 **finish** 퓌니쉬 ▶ 왼손잡이 **lefty** 레프티
▶ (골프) 연습장 **driving range** 쥬롸이빙 뤠인쥐 ▶ 함께 **together** 트게더-
▶ 퍼트연습용 그린 **practice putting green** 프랙티스 파링 그뤼인
▶ 고삐 **reins** 뤠인스 ▶ 잡다 **hold** 호울드 ▶ 죄다 **tighten** 타이튼
▶ 늦추다 **slacken** 슬랙큰 ▶ 등자(밟고 올라 타는 곳) **stirrups** 스터랍스
▶ 안장 **saddle** 새러어 ▶ 타다 **mount** 마운트 ▶ 내리다 **dismount** 디스마운트

08 경기 관람

Point 1 맞춤 표현

미식축구 경기를 보고 싶습니다.
I want to see an American football game.
아이 원트 씨- 안 어메-리칸 풋보어 게임↘

어느 팀이 경기를 합니까?
Which teams are playing?
위치 티임스 아- 플레잉-↘

지금 표를 살 수 있습니까?
Can we buy tickets now?
캐뉘 바이 티키츠 나우↗

Point 2 유용하게 쓸 수 있는 표현

☐ 농구 경기를 보고 싶습니다.
I'd like to see a basketball game.
아이드 라익트 씨- 어 배스킷보어 게임↘

☐ 축구 경기는 어디에서 볼 수 있습니까?
Where can I see a soccer game?
웨어- 캐나이 씨- 어 싹커- 게임↘

☐ 언제입니까?
When is that?
웨니스 댓↘

☐ 어디에서입니까?
Where is that?
웨어리스 댓↘

☐ **표를 구할 수 있나요?**

Can I get tickets?

캐나이 겟 티키츠↗

☐ **지금도 표를 살 수 있습니까?**

Can I still buy tickets?

캐나이 스틸 바이 티키츠↗

☐ **가장 좋은 좌석으로 5장 주세요.**

Five of the best seats, please.

파입업 더베스트 씨이츠 플리이스↘

☐ **스타디움에는 어떻게 가면 됩니까?**

How can I get to the stadium?

하우 캐나이 게트 더 스테이리엄↘

☐ **당신이 응원하는 야구팀이 있습니까?**

Is there a particular baseball team that you support?

이스데어러 패티큘러 베이스보어 티임 대츄 써포엇↗

☐ **경기는 언제 쯤 끝날까요?**

About what time will it finish?

어바웃 왓타임 위릿 퓌니쉬↘

어휘 뱅크

▶ 시합 **game** 게임 ▶ 야구 **baseball** 베이스보어 ▶ 농구 **basketball** 배스킷보어
▶ 미식축구 **football** 풋보어 ▶ 아이스하키 **ice hockey** 아이스 학키
▶ 홈팀 **home team** 호움 티임 ▶ 상대팀 **opposing team** 어포우징 티임
▶ 선수 **player** 플레이어-

04 해양 스포츠, 낚시, 배 여행

Point 1 맞춤 표현

서핑(스쿠버 다이빙)을 하고 싶습니다.
I'd like to go surfing(scuba diving).
아이드 라익트 고우 써-핑(스쿠버 다이빙)↘

한국어를 하는 강사가 있습니까?
Do you have a Korean speaking instructor?
드유 해버 커뤼언 스피이킹 인스츄락터-↗

무엇이 주로 잡힙니까?
What's the main catch?
와츠 더 메인 캣취↘

Point 2 유용하게 쓸 수 있는 표현

☐ 잠수 면허를 가지고 있습니다.

I have a diving license.

아이 해버 다이빙 라이썬스↘

☐ 서핑보드를 빌리고 싶습니다.

I'd like to rent a surfboard.

아이드 라익트 렌터 써-업보어-드↘

☐ 알고 있는 괜찮은 잠수 강습소 없습니까?

Do you know any good diving schools?

드유 노우 애니 귿 다이빙 스쿠어스↗

☐ 여기서 우리가 주의해야 할 것은 무엇입니까?

What should we be careful about here?

왓 슏 위 비 케어-풔어 어바웃 히어-↘

☐ 오늘 바람은 어떻습니까?

How about the wind today?

하바웃 더 윈 트데이↘

☐ 지금 면허를 얻을 수 있나요?

Can I get a license now?

캐나이 게러 라이선스 나우↗

☐ 가이드 딸린 배가 한 대 필요합니다.

We need a boat with a guide.

위 니이러 보웃 위더 가이드↘

☐ 낚싯대와 미끼를 빌리고 싶습니다.

We need rental fishing tackle and bait.

위 니잇 렌터어 퓌쉥 택커어 앤 베잇↘

☐ 어떤 크루즈가 있습니까?

What kind of cruise do you have?

와카이너 크루즈 드유 햅↘

☐ 몇 시에 출발합니까(돌아옵니까)?

What time are we leaving(coming back)?

왓타임 아-뤄 리이빙(카밍 백)↘

어휘 뱅크

▶ 낚싯대 **fishing rod** 퓌쉥 랏 ▶ 줄 **line** 라인 ▶ 추 **sinker** 씽커-
▶ 낚싯바늘 **hook** 훅스 ▶ 미끼 **bait** 베잇 ▶ 낚싯도구 **fishing tackle** 퓌쉥 택커어
▶ 식사 **meals** 미어스 ▶ 음료 **drinks** 쥬륑스 ▶ 산소 탱크 **air tank** 에어- 탱크
▶ 체중 **weight** 웨잇 ▶ 탈의실 **dressing room** 쥬뤠씽 루움
▶ 물안경 **water goggles** 워러- 가거어스 ▶ 수영핀 **swim fin** 스윔퓐
▶ 숨을 들이 마시다 **breathe in** 브뤼이딘 ▶ 숨을 내쉬다 **breathe out** 브뤼이다웃
▶ 조류 **current** 커런트

11 스키, 스케이트

Point 1 맞춤 표현

스키를 타고 싶습니다.
I'd like to ski.
아이드 라익트 스키-↘

스키 강습을 받고 싶습니다.
I'd like to take ski lessons.
아이드 라익트 테익 스키- 레슨스↘

스키 장비는 어디서 빌릴 수 있습니까?
Where can I rent ski equipment?
웨어- 캐나이 렌트 스키- 이크윕먼트↘

Point 2 유용하게 쓸 수 있는 표현

☐ 2벌 빌리고 싶습니다.
Two pairs, please.
투우 페어-스 플리이스↘

☐ 짐보관소는 어디입니까?
Where's the checkroom?
웨어-스 더 췌크루움↘

☐ 쿠폰 가격은 얼마입니까?
How much is a coupon ticket?
하우머취 이저 쿠-판 티킷↘

☐ 초보자용 슬로프는 어디입니까?
Where's the slope for beginners(bunny hill)?
웨어-스 더 슬로웁 풔 비기너스(바니 힐)↘

☐ 겨울마다 스키 타러 갑니까?

Do you go skiing every winter?

드유 고우 스키잉 에브리 윈터↗

☐ 저는 스키를 타본 적이 없습니다.

I've never been on skis.

아이브 네버 빈 안 스키-스↘

☐ 스케이트 좀 빌려도 되겠습니까?

May I use your skates?

메아이 유-즈 유어 스케이츠↗

☐ 얼음이 단단히 얼지 않아서 스케이트를 탈 수 없어요.

The ice is not hard enough to skate on.

디 아이스 이스낫 하-드 이나프 트 스케잇안↘

어휘 뱅크

▶ 초보자 **beginner** 비기너-스 ▶ 중급자 **intermediate skier** 인터-미리엇 스키어-
▶ 상급자 **advanced skier** 어드밴스트 스키어-
▶ 스키장 **skiing ground** 스키잉 그롸운드 ▶ 스키 **skis** 스키스
▶ 레슨비 **tuition** 튜-이션 ▶ 슬로프 안내도 **trail map** 츄뤠이어 맵
▶ 1일권 **one-day ticket** 원데이 티킷

관광버스 이용하기

짧은 시간에 관광명소를 돌아보려면 관광버스를 이용하면 좋습니다. 대도시에는 그레이라인(Gray Line)이나 아메리칸 관광(American Sightseeing) 등에서 운행하는 관광 버스가 있어 관광 시즌 중에 이용할 수 있습니다.

투어는 2~3시간 코스부터 하루 코스 등 여러 종류가 있습니다. 예약은 전화로 하면 되는데 호텔에 투어 팜플렛이 비치되어 있고, 큰 호텔이라면 관광 버스가 직접 마중을 나와 주므로 객실에서 전화로 예약을 하거나 프론트에 부탁해도 됩니다. 요금은 조금 비싸서 1시간에 15달러 정도입니다. 안내는 영어로 하는데 뉴욕이나 로스앤젤레스 등에서는 우리말로 안내하는 관광 버스 회사도 있습니다. 팁은 가이드와 운전기사에게 1달러 정도를 주면 됩니다. 단, 호텔의 어디에서 출발하는지와 출발장소를 확인해 둡니다. 관광 중에는 집합시간과 차량번호를 꼭 확인하고 행동해야 합니다.

관광시 주의 사항

1. 혼자 다니지 말고 가능한 한 여럿이 함께 다니는 것이 좋습니다.
2. 걸어다니면서 이상한 느낌이 들면 주위를 잘 살펴야 합니다.
3. 어두운 장소를 피하고 사람이 많고 밝은 곳을 택합니다.
4. 늦은 밤에 공원에 있는 것은 좋지 않습니다.
5. 밤길을 걸을 때는 늘 가로등 조명이 잘 된 밝은 쪽을 택하고 건물 구석진 곳이나 건물에 붙어서 걷지 말고 차도쪽으로 걸어야 합니다.
6. 혹시 길을 잘 몰라도 서성거리거나 머뭇거리지 말고 잘 아는 것처럼 행동하는 것이 좋습니다.
7. 현금이나 보석 등 귀중품을 갖고 다니지 말고 꼭 필요한 것만 가지고 다니는 것이 좋습니다.
8. 군중이 많은 장소에서 지갑, 가방 등은 무릎에 위에 올려놓을 것. 특히 옷가게에서 옷을 입어 보거나 공중화장실에서 신을 고쳐 신을 때는 특히 잘 간수해야 합니다.
9. 여권, 현금, 열쇠 등은 핸드백에 넣지 말고 되도록 몸에 지니는 것이 좋습니다.
10. 소매치기에 대비해서 사람이 많은 곳에서는 핸드백 여닫이에 항상 손을 대고 있는 것이 좋습니다.
11. 처음 만난 사람에게 나이, 결혼 관계 등을 묻는 것은 실례이므로 피하는 것이 좋습니다
12. 흡 연

    대부분의 레스토랑은 대부분 금연이므로 담배를 피우고 싶은 경우 웨이터에게 사전에 확인해 두어야 합니다. 미국 국내선 항공은 기내에서 금연입니다. 상대와 만났을 때는 상대에게 먼저 양해를 구하고 허락을 받은 후에 담배를 피워야 합니다.

SCENE

06

교통수단

Contents

교통수단 이용하기

미국은 대단히 넓어서 서해안에서 동해안까지의 최장거리는 4800㎞로 비행기로 5시간 30분, 장거리 버스로는 72시간, 철도와 자동차로는 무려 4일이나 걸립니다. 따라서 멀리 떨어져 있는 도시간을 이동하는 데는 비행기가 가장 편하지만 철도나 장거리 버스, 자동차 등을 함께 이용하면 훨씬 다양한 여행을 즐길 수 있습니다.

비행기...방문하려는 도시들이 멀리 떨어져 있는 경우에는 특히 편리합니다. 단점이라면 정상 운임의 경우 버스나 철도에 비하면 비싸고 시내에서 공항까지 가는 시간과 비용도 무시할 수 없다는 점입니다. 더욱이 비행기 여행의 경우 1시간 전까지 공항에 도착해야 하므로 시간이 예상보다 더 걸립니다.

미국 국내선을 외국인이 이용할 경우에 할인되는 항공권들은 할인율은 그다지 높지 않지만 안전하게 여행할 수 있는 항공권들입니다. 할인항공권의 중 대표적인 것이 COUPON PASS, YVUSA, GROUP PASS 등으로 원화로 살 수 있을 뿐 아니라 세금도 붙지 않아 유리합니다.

철도...시간적 여유가 있는 사람은 대륙횡단열차를 타고 미국의 광대함과 웅장함을 느껴 볼 수 있습니다. 미국의 철도는 대부분 시설이 훌륭하고 넓은 좌석이 있어 편안한 편이지만 비행기와 버스에 비해 노선이 적고 운행 편수가 적습니다. 또 출발시간은 정확하지만 도착시간은 늦어지는 경우도 많습니다.

미국 내의 철도는 'National Rail Passenger Corporation' (Amtrak)이 대부분의 여객과 화물운송을 맡고 있습니다. 철도여행자들을 위한 일종의 여행권이 바로 앰트랙 패스(USA Rail Pass= Amtrack Pass)이고 패스를 구입하면 미국 내 400여 개의 도시를 연결하는 앰트랙 전노선을 정해진 기간 내에서 이용할 수 있습니다. 2등석인 코치(Coach) 기준이며, 침대차나 1등석(Club) 또는 메트로라이너를 탈 때는 차액만큼의 추가요금을 내면 되는데 기간의 연장과 변경, 환불은 할 수 없습니다. 분실과 도난에도 재발급은 해주지 않습니다.

앰트랙 패스는 외국인에게만 발행되는 여행권으로 국내의 대리점 여행사를 통해 구입할 수 있습니다. 미국 전역의 앰트랙 역에서 구입할 때는 여권이 필요합니다. 현지에서는 역에서 패스를 보이고 승차권(boarding ticket)을 따로 발급 받아 이용합니다.

장거리 버스...미국에서는 주요도시는 물론 지방의 작은 도시에까지 버스망이 잘 정비되어 있습니다. 운행편수도 철도에 비해 월등히 많고 예약도 원칙적으로는 필요 없습니다. 운임이 싸고 도심에 버스 디포(Bus Depot; 버스 터미널)가 있어 경제적입니다.

버스 여행에서 빼놓을 수 없는 것이 시간표(Time Table)입니다. 어느 버스 디포에서도 탈 버스노선의 시간표는 카운터 등에서 받아 볼 수 있습니다.

승차권은 각 버스 디포에 있는 승차권 판매대에 가서 목적지와 매수, 편도(one way) 또는 왕복(round trip)을 말하고 요금을 내면 승차권을 줍니다. 규모가 큰 터미널에서는 이용 버스의 승차 게이트 번호도 물어 봐야 합니다.

승차권을 받은 다음에는 승차 게이트 앞에서 줄을 섭니다. 출발시각의 10분 전부터 개찰을 시작하므로 개찰할 때 티켓을 제시하고 타면 됩니다. 좌석은 정해져 있지 않으므로 창가 쪽의 좋은 좌석에 앉고 싶으면 서둘러 일찍 줄을 섭니다.

시내버스...요금은 동전이나 토큰으로 지불합니다. 시내는 요금이 거의 같고 요금보다 많은 액수의 동전을 넣어도 거스름돈은 나오지 않습니다. 버스가 오면 앞문으로 올라타고 정해진 액수만큼 동전을 요금통에 넣습니다. 내릴 때에는 버스의 창위에 있는 끈을 잡아당기거나 부저를 눌러 운전기사에게 알리면 다음 정거장에서 내려 줍니다.

도중에서 버스를 갈아타야 할 경우에는 요금을 낼 때 운전기사에게 'Transfer, please.'라고 말하면 환승권을 줍니다. 도시에 따라 그냥 주는 곳과 로스앤젤레스처럼 25센트를 더 내는 곳도 있으므로 항상 동전을 준비해 둡니다.

렌터카...자유로운 여행을 원하는 사람에게는 렌터카만큼 편리하고 매력적인 교통수단은 없습니다. 운전법규도 기본은 우리나라와 크게 다르지 않아 생각보다 쉽습니다. 외국에서 운전하려면 꼭 필요한 것이 신용 카드, 국제운전면허증, 국내운전면허증, 예약확인서(국내에서 예약했을 경우), 체류호텔 명세서, 여권, 귀국항공권 등입니다.

렌터카를 이용하기로 결정했다면 국내에서 예약을 해놓고 출발하는 편이 좋습니다. 현재 국내에는 전세계에 영업소가 있는 에이비스(Avis)와 허츠(Hertz), 내셔널(National) 등의 렌터카 회사 대리점들이 들어와 있습니다. 공항에는 유명 렌터카 회사의 영업소가 대부분 있으므로 국내에서 예약을 하고 도착하자마자 바로 이용하면 편리합니다.

택시...캡(cab) 이라는 애칭으로 불리는 택시는 목적지 앞까지 바로 타고 갈 수 있는 편리한 교통수단이지만 혼잡할 때는 요금을 많이 내야 합니다.

요금계산법은 각 주별로 조금씩 차이가 있습니다. 팁은 택시요금의 15~20% 정도이고 큰 짐을 트렁크에 넣을 때는 1개당 얼마라고 말할 때도 있습니다. 승차 장소는 큰 호텔, 버스와 역 터미널 등과 도심. 빈 차는 차 지붕에 불이 켜져 있으므로 손짓으로 쉽게 잡을 수 있지만 도시 외곽에서는 잡기가 힘듭니다. 호텔이나 레스토랑에서 불러달라고 부탁해도 되고 직접 부르고 싶을 때는 공중전화 등에서 택시 회사에 전화를 해 이름을 말하고 어디에 있으므로 와달라고(pick up) 하면 됩니다.

지하철...버스에 비해 타고 내리는 게 훨씬 간편합니다. 요금 지불방법은 균일요금인 경우와 목적지마다 다른 경우가 있습니다. 뉴욕의 경우는 토큰이나 정해진 금액을 지불하고 개찰구를 통과하면 개찰구로 다시 나올 때까지 전체 구간이 같은 요금입니다. 목적지마다 요금이 다른 경우는 목적지까지의 요금을 확인한 뒤에 자동판매기에서 승차권을 구입합니다. 운행은 오전 6시부터 자정까지. 지하철의 치안상태가 많이 좋아졌지만, 아직도 밤에 타는 것은 위험합니다. 러시아워 이후에 혼자서 지하철을 타거나 외곽지역으로 가는 일은 피하는 것이 좋습니다.

전차와 유람선...시내의 교통수단 중에는 그 도시의 명물이 되어 있는 것이 많습니다. 대표적인 것이 샌프란시스코의 케이블카와 바트(bart), 시카고의 루프(loop), 뉴올리온스의 시영전차 등입니다. 또 유람선을 타고 바다나 호수, 강에 나가서 도시를 바라보면 색다른 경치를 즐길 수 있습니다. 티켓은 대부분 승착장에서 바로 살 수 있습니다.

01 택시, 시내버스를 탈 때

Point 1 맞춤 표현

다저스 스타디움까지 부탁합니다.
To Dodger's Stadium, please.
투 다줘-스 스테이리엄 플리이스↘

여기에 세워 주세요.
Stop here, please.
스탑 히어- 플리이스↘

산타바바라행 버스 정류장은 어디입니까?
Where's the bus stop for Santa Barbara?
웨어-스 더 바스탑 풔- 쌔나 바-바롸↘

Point 2 유용하게 쓸 수 있는 표현

☐ 택시 타는곳은 어디입니까?

Where's the taxi stand?

웨어-스 더 택씨 스탠드↘

☐ 공항까지 가 주세요.

Take me to the airport.

테익 미 트 디 에어-포엇↘

☐ (운전기사) 어느 항공사로 가십니까?

Which airline are you taking?

위취 에얼라인 아류 테이킹↘

☐ 거스름돈은 가지세요.

Keep the change.

키입 더 췌인쥐↘

☐ 어느 버스가 산디에고로 갑니까?

Which bus goes to San Diego?

위취 바스 고우즈 트 샌 디에고우↘

☐ 미술관으로 갑니까?

Do you go to the art museum?

드유 고우러 디 아-앗 뮤지엄↗

☐ 갈아타야 합니까?

Do I have to transfer?

드아이 햅트 츄랜스퍼-↗

☐ 다음 버스는 몇 시에 있습니까?

When is the next bus?

웨니스 더 넥스트 바스↘

☐ 거기에 도착하면 알려 주세요.

Please tell me when we arrive there.

플리이스 테어미 웬 위 어롸이브 데어-↘

☐ 여기서 내리겠습니다.

I'll get off here.

아이 게롭- 히어-↘

어휘 뱅크

▶ 요금 **fare** 페어-　▶ 잔돈, 거스름돈 **change** 췌인쥐
▶ 운전기사 **taxi driver** 택씨 쥬롸이버-　▶ 좌석 **seat** 씨잇
▶ 짐 **baggage** 배기쥐/ **luggage** 러기쥐　▶ 트렁크 **trunk** 츄뢍크　▶ 넣다 **put** 풋
▶ 정원 **passenger capacity** 패씬쥐- 커패써리　▶ 시내버스 **city bus** 씨리 바스
▶ 택시 승강장 **taxi stand** 택시 스탠드　▶ 요금 **fare** 페어-
▶ 균일 요금 **uniform fare** 유니폼-엄 페어-　▶ 환승권 **transfer ticket** 츄랜스퍼- 티킷
▶ 노선 **route** 루우트　▶ 노선지도 **route map** 루웃 맵　▶ 차장 **conductor** 칸닥터-
▶ 버스정류장 **bus stop** 바스탑　▶ 터미널 **terminal** 터-머너

6. 교통수단

02 열차를 탈 때

Point 1 맞춤 표현

매표소는 어디입니까?

Where's the ticket window?

웨어-스 더 티킷 윈도우↘

로스앤젤레스행 편도표 한 장 주십시오.

A one way ticket to Los Angeles, please.

어 원웨이 티킷 트 로스 앤젤레스 플리이스↘

로스앤젤레스까지 몇 시간 걸립니까?

How many hours to Los Angeles?

하메니 아우어-스 트 로스 앤젤레스↘

Point 2 유용하게 쓸 수 있는 표현

☐ 마드리드행 열차입니까?

Is this for Madrid?

이스 디스 풔- 마드륏↗

☐ 파리행 열차는 어디 있습니까?

Where's the train for Paris?

웨어-스 더 츄뤠인 풔- 패뤼스↘

☐ 로스앤젤레스까지 침대차 요금은 얼마입니까?

How much is it to take a sleeping car to Los Angeles?

하우머치 이짓 트 테이커 슬리이핑 카- 트 로스 앤젤레스↘

☐ 9시 급행표를 주십시오.

Tickets for the express at nine, please.

티키츠 풔- 디 익스프뤠스 앳 나인 플리이스↘

☐ 몇 번 플랫폼입니까?

What is the platform number?

와리스 더 플렛포움 넘버↘

☐ 발차 시간은 몇 시입니까?

When does this train start?

웬더즈 디스 츄레인 스타앗↘

☐ 이 열차는 예정대로 운행됩니까?

Is this train on schedule?

이스 디스 츄뤠인 안 스케쥬어↗

☐ (표를 보여주며) 이 열차가 맞습니까?

Is this my train?

이스 디스 마이 츄뤠인↗

☐ 빈 자리입니까?

Is this seat taken?

이스 디스 씨잇 테이큰↗

☐ 식당차는 어디입니까?

Where's the dining car?

웨어-스 더 다이닝 카-↘

교통수단

어휘 뱅크

- 안내소 **information office** 임풔-메이션 어퓌스
- 매점 **news stand** 뉴-스탠드
- 분실물 취급소 **lost and found office** 로스턴 퐈운드 어퓌스
- 왕복표 **round-trip ticket** 롸운 츄립 티킷/(영)**return ticket**/뤼터-언 티킷
- 편도표 **one-way ticket** 원 웨이 티킷/(영)**single ticket**/씽거어 티킷
- 환승권 **transfer ticket** 츄렌스풔- 티킷
- 목적지 **destination** 데스터네이션
- 차장 **conductor** 컨닥터-
- 식당차 **dinning car** 다이닝 카-
- 침대차 **sleeping car** 슬리-핑 카-
- 상단침대 **upper berth** 아퍼- 버-쓰
- 하단침대 **lower berth** 로우어- 버-쓰
- 연결열차 **connection** 커넥션
- 환승역 **junction** 정션
- 게시판 **bulletin board** 불러린 보어-드
- 도중하차 **stopover** 스탑오버-
- 국경 **frontier** 프런티어-

03 지하철을 탈 때

Point 1 맞춤 표현

지하철역이 어디 있습니까?
Where is the subway station?
웨어리스 더 써브웨이 스테이션↘

브로드웨이행 편도표 1장 주세요.
A one-way ticket to Broadway, please.
어 원웨이 티킷 트 브로우드웨이 플리이스↘

브로드웨이로 나가는 출구는 어디입니까?
Where is the exit for Broadway?
웨어리스 더 엑짓 풔 브로우드웨이↘

Point 2 유용하게 쓸 수 있는 표현

☐ 이 근처에 지하철 역 있습니까?

Is there a subway station near here?
이스 데어뤄 써브웨이 스테이션 니어- 히어-↗

☐ 표는 어디에서 살 수 있습니까?

Where can I buy a ticket?
웨어- 캐나이 바이 어 티킷↘

☐ 자동판매기를 이용하세요.

Please use the vending machine.
플리이스 유-즈더 벤딩 머쉬인↘

☐ 몇 호선이 브로드웨이로 갑니까?

Which line goes to Broadway?
위취 라인 고우즈 트 브로우드웨이↘

☐ 5호선을 타세요.

Take line No. 5

테익 라인 넘버 퐈입↘

☐ 다음 역은 어디입니까?

What's the next station?

와츠 더 넥스트 스테이션↘

☐ 어디에서 열차를 갈아타야 합니까?

Where should I change trains?

웨어- 슈다이 췌인쥐 츄뤠인스↘

☐ 사우스역으로 가는 열차인가요?

Is this for South station?

이스 디스 풔- 싸우쓰 스테이션↗

☐ 노스역까지 몇 정거장 가야 합니까?

How many stops are there to North station?

하메니 스탑스 아- 데어- 트 노-쓰 스테이션↘

교통수단

어휘 뱅크

- ▶ 지하철 **subway** 써브웨이 / **tube** 튜우브, **underground** 안더-그롸운드
- ▶ 표 자동판매기 **ticket vending machine** 티킷 벤딩 머쉬인
- ▶ 토큰 **token** 토우큰 ▶ 균일요금 **uniform fare** 유니풔-엄 페어-
- ▶ 구간 열차 **local** 로우커어 ▶ 환승 **transfer** 츄랜스퍼- ▶ 출구 **exit** 엑짓
- ▶ 급행 **express** 익스프뤠스

04 비행기를 탈 때

Point 1 맞춤 표현

샌프란시스코를 경유해서 로스앤젤레스로 가고 싶습니다.
I'd like to fly to L.A. via San Francisco.
아이드 라익트 플라이 트 엘에이 바이어 샌 프란씨스코우↘

뉴욕행 직항편이 있습니까?
Do you have through planes to New York?
드유 햅 뜨루- 플레인즈 트 뉴-욕↗

시애틀행 비행기는 자주 있습니까?
How often do you have flights to Seattle?
하우 오우픈 드유햅 플라이츠 트 씨애를↘

Point 2 유용하게 쓸 수 있는 표현

☐ 유나이티드항공 카운터는 어디입니까?
Where's the United Airlines counter?
웨어-스 더 유나이릿 에얼라인스 카운터↘

☐ 비행기는 정시에 출발합니까?
Is the flight on time?
이스 더 플라잇 안 타임↗

☐ 요금은 얼마입니까?
How much is the flight?
하우머치 이짓 더 플라잇↘

☐ 금연 구역의 통로석으로 부탁합니다.
An aisle seat in the non-smoking section, please.
앤 아이어 씨잇 인더 난스모우킹 섹션 플리이스↘

☐ 지금 체크인 해도 됩니까?

Can I check in now?

캐나이 췌킨 나우↗

☐ 이것은 기내에 가지고 탈 짐입니다.

This is carry-on baggage.

디스 이스 캐뤼안 배-기쥐↘

☐ 몇 번 탑승구로 가야 합니까?

Which gate should I go to?

위취 게잇 슈다이 고우 트↘

☐ 여기가 산디에고행 탑승구입니까?

Is this the gate to San Diego?

이스 디스 더 게잇 트 샌 디에고우↗

어휘 뱅크

▶ 국제선 **international flight** 인터내셔너어 플라잇
▶ 국내선 **domestic flight** 더메스틱 플라잇
▶ 출발시간 **departure time** 디파-춰- 타임 ▶ 창측석 **window seat** 윈도우 씨잇
▶ 통로석 **aisle seat** 아이어 씨잇 ▶ 기념품점 **gift shop** 기프트 샵
▶ 면세점 **duty-free shop** 듀리 프뤼- 샵 ▶ 커피숍 **coffee shop** 커퓌 샵

05 렌터카

Point 1 맞춤 표현

소형차를 1주일 빌리고 싶습니다.
A compact car for a week, please.
어 컴팩 카- 풔-러 위익 플리이스↘

요금표를 보여 주세요.
Show me the list of rates, please.
쇼-미 더 리스텁 뤠이츠 플리이스↘

렌탈료는 하루 얼마입니까?
What is the rental rate per day?
와리스더 뤤틀 뤠잇 풔 데이↘

Point 2 유용하게 쓸 수 있는 표현

☐ 렌터카 사무소는 어디 있습니까?

Where's the rent-a-car counter?

웨어-스 더 뤤터카- 카운터↘

☐ (예약확인서를 보이며) 예약했습니다.

I have a reservation.

아이 해버 뤠저-베이션↘

☐ 제 국제운전면허증 여기 있습니다.

Here's my international driver's license.

히어-스 마이 인터-내셔너어 드롸이버-스 라이선스↘

☐ 샌프란시스코에서 차를 반환하고 싶은데요.

I'd like to drop it off in San Francisco.

아이드 라익트 쥬롸핏 오퓐 샌 프런씨스코우↘

☐ 보증금은 얼마입니까?

How much is the deposit?

하마취 이스 더 디파짓↘

☐ 종합보험을 들어 주세요.

With comprehensive insurance, please.

윗 캄프뤼헨씹 인슈어런스 플리이스↘

☐ 오토매틱차를 부탁합니다.

The automatic car, please.

디 오우터매틱 카- 플리이스↘

☐ 이 차종으로 24시간 빌리고 싶습니다.

I'd like to rent this kind of car for 24 hours.

아이드 라익트 렌 디스 카인업 카- 풔 트웨니 풔 아우어스↘

☐ 문제가 생기면 어디로 연락을 해야 합니까?

If there is a problem, what number should I call?

이프 데어리스저 프롸브럼 왓 넘버 슈다이 커어↘

☐ 이 차를 반환하고 싶습니다.

I want to return this car.

아이 원트 뤼터언 디스 카-↘

교통수단

어휘 뱅크

▶ 소형차 **compact car** 컴팩 카- ▶ 대형차 **big car** 빅 카-
▶ 오픈카 **convertible** 컨뷔-러버
▶ 자동변속 **automatic transmission** 어-러매릭 츄렌스미션
▶ 에어컨 **air conditioner** 에어- 컨디셔너-
▶ 드롭오프 요금(차를 다른 곳에서 반환할 때의 요금) **drop-off-charge** 쥬로퐙 촤-쥐
▶ 서명 **signature** 씨그너춰- ▶ 이니셜 **initial** 이니셔어

06 드라이브

Point 1 맞춤 표현

이 근처에 주유소 있나요?
Is there a gas station around here?
이스 데어러 개스테이션 어롸운 히어-↗

도로지도 있습니까?
Do you have a road map?
드유 해버 로우드 맵↗

타이어를 점검해 주시겠어요?
Will you check the tires?
위류 첵 더 타이어스↗

Point 2 유용하게 쓸 수 있는 표현

☐ 산디에고는 어느 길로 가야 합니까?

Which way to San Diego?

위취 웨이 트 쌘 디에고우↘

☐ 남 5번도로를 타세요.

Take the 5 South.

테익 더 퐈입 싸우쓰↘

☐ 직진해야 하나요 아니면 좌회전해야 합니까?

Straight? Or to the left?

스츄뤠잇↗ 오어- 트 더 레프트↘

☐ 몬터레이까지 몇 마일입니까?

How many miles to Monterey?

하메니 마일스 트 마너뤠이↘

☐ 레귤러로 가득 채워 주세요.

Fill'er up with regular, please.

퓔러랍 윗 뤠귤러- 플리이스↘

☐ 오일을 점검해 주세요.

Check the oil, please.

췍 디 오일 플리이스↘

☐ (셀프 주유소에서) 이 기계 어떻게 사용하는 겁니까?

How can I use this machine?

하우 캐나이 유-즈 디스 머쉬인↘

☐ 차선을 잘못 들었군요.

We're in the wrong lane.

위아- 인더 렁 래인↘

☐ 차를 뒤로 빼 주시겠어요?

Would you mind backing up, please?

으쥬마인 배킹압 플리이스↗

☐ 긴급인 경우에는 어디로 전화해야 합니까?

Where should I call in case of an emergency?

웨어- 슈다이 컬린 케이써번 이머-젼씨↘

교통수단

어휘 뱅크

- ▶ 주유소 **gas station** 개스테이션
- ▶ 무연 **unleaded** 안레릿
- ▶ 프레미엄 (고급) **premium** 프뤠미엄
- ▶ 갤론(약 4리터) **gallon** 갤런
- ▶ 오일교환 **oil change** 오이어 췌인쥐
- ▶ 고장 **out of order** 아우러 오어-러-
- ▶ 수리공 **mechanic** 미캐닉

07 차에 문제가 있을 때

Point 1 맞춤 표현

차가 좀 이상합니다.
There is something wrong with my car.
데어리스 썸씽 렁 윗마이 카-

정비소에 전화해 주세요.
Please call a repair shop.
플리이스 커어러 뤼페어 샵

고치는데 얼마나 걸립니까?
How long will it take to fix it?
하우롱 위릿 테익트 픽씻

Point 2 유용하게 쓸 수 있는 표현

☐ 배터리가 나갔어요.
The battery is dead.
더 배러뤼 이스 뎃

☐ 펑크가 났어요.
I got a flat tire.
아이 가러 플랫 타이어-

☐ 시동이 걸리지 않아요.
I can't start the engine.
아이 캔 스타-앗 디 엔쥔

☐ 타이어 공기압을 점검해 주세요.
Check the tire pressure, please.
첵 더 타이어 프뤠셔- 플리이스

☐ 수리할 수 있겠어요?

Can you repair it?

캐뉴 뤼페어륏↗

☐ 가솔린을 채워 놓았습니다.

I filled up the tank.

아이 퓔답 더 탱크↘

☐ 점검해 주시겠어요?

Will you check it, please?

위류 체킷 플리이스↗

☐ 차가 고장 났습니다.

My car has broken down.

마이 카- 해스 브로우큰 다운↘

☐ 지금 사고가 났습니다.

We have an accident now.

위 해번 액시더언 나우↘

☐ 현재 위치는 매디슨가 688번지 근처입니다.

We are now near 688 Madison Ave.

위 아- 나우 니어- 씩스 에잇 에잇 매디슨 애비뉴-↘

☐ 경찰을 불러 주시겠습니까?

Will you call a police?

위류 커어러 폴리이스↗

렌터카 이용시 알아야 할 교통규칙

기본적인 교통법규는 한국과 크게 다르지 않습니다. 단, 미국은 철저하게 우측통행이며 거리는 마일(1마일은 약1.6㎞)로 표시합니다.

큰 교차로는 대부분 좌회전 신호가 있으므로 푸른신호가 될 때까지 기다립니다. 주위가 안전하다면 빨간 신호라도 언제나 우회전할 수 있습니다. 단 교차점에 'No turn on red arrow' 'No right turn on red' 등의 표지판이 있으면 푸른신호 때 우회전해야 합니다. 신호가 없는 주택가의 작은 교차로와 뒷길에서는 'Stop and Go' 가 규칙. 즉 네 방향에서 오는 차는 반드시 정지선에서 일단 정지하고 순서대로 진행한다는 것입니다.

미국의 스쿨 버스는 노란색에 검정 줄이 있는 모양입니다. 스쿨버스가 정차한 경우는 빨간 라이트가 켜진 후 다시 꺼질 때까지 뒤의 차들은 물론 중앙선이 없는 길에서는 반대차선의 차량도 정차해야 합니다.

철도건널목에서는 한국에서는 반드시 일단정지지만 미국에서는 열차가 오지 않는 것을 확인하며 그대로 달려야 합니다. 건널목에서 한국식으로 일단정지를 하면 오히려 추돌당할 수도 있습니다. 물론 특별히 일단정지의 표지판이 있거나 빨간신호, 차단기가 내려져 있을 경우 등은 예외입니다.

고속도로에서는 서행차는 맨 오른쪽 차선 추월 차선은 왼쪽 차선입니다. 최고 속도는 특별한 표시가 없는 한 55마일(약 90㎞). 경고 표지판의 노란색 속도제한 표시는 절대로 지킬 것.

일반적으로 노상 주차는 파킹미터를 이용해야 하며 주차위반 단속 또한 매우 엄격합니다. 노상에 차를 주차할 경우는 우선 주위의 표지판을 잘 봐 두어야 합니다. 만일 주차위반 티켓을 받으면 속히 티켓에 지정된 지역재판소로 가서 지불하거나 우체국에서 우편환(money order)을 만들어 우송합니다. 지불할 시간이 없는 경우에는 AAA나 렌터카 체크인 때 수속 대행을 부탁해도 됩니다. 요금을 지불하지 않으면 렌터카 회사를 통해 한국까지 청구서가 날아옵니다.

속도위반을 했거나 차에 무슨 이변이 생겼을 때는 순찰차가 뒤쪽에서 신호를 보내옵니다. 그 경우에는 오른쪽 도로변에 차를 세우고 경찰이 올 때까지 핸들에 양손을 얹고 기다려야 합니다. 주머니에 손을 넣거나 대시보드를 열려고 하면 무기를 꺼내는 동작으로 오해하고 발포당할 위험이 있기 때문입니다. 경찰관이 창가까지 와서 면허증 제시를 지시할 때까지 잠자코 있는 것이 좋습니다.

엔진고장 등으로 길에서 정차했을 경우는 바로 렌터카 회사에서 지정해준 긴급연락처에 전화를 걸어 직원의 지시를 받아야 합니다. 전화로 기본 처치법을 알려 주지만 그래도 움직이지 않을 경우는 위치를 알리고 택시로 지시된 영업소에 가면 됩니다.

사고가 났을 경우를 대비해서 렌터카를 빌릴 때 보험에 가입해 두는 것이 좋습니다. 차끼리의 사고인 경우 어느 쪽에 사고의 책임이 있느냐는 경찰조사나 렌터카 회사의 사고처리계에 맡기면 됩니다(경찰의 전화번호는 911). 사고처리나 나중에 재판에 회부되었을 때 불리해지기 때문에 설사 자기에게 과실이 있더라도 절대로 'I'm sorry' 라는 말을 하면 안 됩니다.

SCENE

07

쇼핑

Contents

쇼핑 요령

같은 물건이라도 가게에 따라 값이 다르므로 여러 가게를 들러서 비교해 보고 사는 것이 좋습니다. 물건을 싸게 사고 싶으면 신문에 나오는 바겐세일 광고를 참고하면 됩니다. 미국에서는 보통 1월, 3월, 11월에 대규모 세일 행사가 있습니다. 실용주의가 강한 미국에는 특산품은 적지만 실용품이 특히 싸고 품질도 좋습니다. 가죽 제품, 진 제품과 스포츠 용품 등 종류가 많고 값도 싼 편이지만 우리 체형에 맞는 사이즈가 별로 없다는 점이 흠입니다. 그외에 CD나레코드도 싸게 구입할 수 있는 품목입니다. 술, 담배, 향수류는 공항 면세점이나 귀국편 기내에서 구입하는 편이 훨씬 싸게 살 수 있습니다.

상점에서 물건을 살 때는 점원이 말을 걸어 오더라도 영어에 자신이 없는 사람은 대꾸를 하지 말 것. 마음에 드는 것이 있더라도 곧바로 사지 말고 'Too expensive.(너무 비싸요)' 라고 말하고 지나치게 비싼 값을 요구한다 싶을 때는 단호한 태도로 거절해야 합니다. 서투르게 선물 상담을 하면 점원이 좋은 말로 상담해 주면서 비싼 것을 권하는 경우도 있습니다.

또한 잘 알아두어야 할 점은 쇼핑이라는 것은 최저 비용으로 최고의 상품이나 서비스를 구입하는 행위라는 것입니다. 세계의 어디를 가더라도 상품 가격이라는 것은 상담 여하에 따라 조정이 될 수 있다는 점을 잊지 마세요.

점원이 'May I help you?' 라고 맞이할 때 살 마음이 없거나 스스로 찾아볼 생각이라면 'No, thank you.' 라고 확실히 말하면 됩니다. 애매하게 웃어 넘기는 것은 좋은 행동이 못 됩니다.

또한 점원에게 선물을 골라 달라고 부탁할 경우에도 주의를 해야 합니다. 비싸거나 좋지 않은 물건을 권하는 경우도 있기 때문입니다. 거절할 때에는 확실히 'No.' 라고 말해야 한다는 것을 잊지 마세요.

결함이 있는 상품은 반환이나 환불이 가능하지만 사이즈가 맞지 않는 경우에는 환불해 주지 않는 경우가 있습니다. 사이즈는 나라나 지방에 따라 표시가 다르므로 사이즈만 보고 구매를 하면 맞지 않는 것을 사는 경우가 흔합니다. 그리고 한국인과 구미인은 체형에 차이가 있어서 예를 들면 옷인 경우 사이즈에 맞추면 길이가 길거나, 구두인 경우 사이즈에 맞추면 한국인은 발의 볼이 넓어서 너무 끼는 수가 있으므로 항상 입어보고 신어보고 사는 것이 좋습니다.

외국에서는 한국과는 다른 종류나 이름의 약이 많이 있습니다. 서투른 영어로 약의 이름을 말하고 구입하는 것은 금물입니다. 허둥대지 말고 점원에게 차근차근 증상을 설명해 주면 적당한 약을 찾아 줍니다. 복용법 등 이해할 수 없는 것은 자세하기 물어보면 친절하게 가르쳐 줍니다.

쇼핑 장소

세계 제일의 소비국인 미국은 상품의 풍부함 면에서도 세계 제일입니다. 대도시에는 일류 브랜드들이 진출해 있어 윈도 쇼핑을 하는 것으로도 즐겁습니다.

세계 각국의 상품이 모여 있는 곳이라 쇼핑할 수 있는 장소도 다양합니다. 영업시간은 가게마다 다르지만 보통 오전 10시부터 오후 5시 30분까지 영업을 하고 있습니다. 일요일과 경축일에는 대부분 문을 닫습니다.

쇼핑 몰

대부분의 쇼핑 센터는 지붕이 달린 산책길처럼 되어 있어 몰(mall)이라고 부릅니다. 몰 안에는 백화점과 레코드 가게·서점·꽃집 등의 전문점과 음식점·미용실 등이 자리하고 있습니다. 우리나라에서는 도심에 있는 것이 보통이지만 미국에서는 대부분 도시에서 약간 떨어진 교외에 많고 규모 또한 매우 큽니다.

백화점

우리 나라의 백화점(department store)과 같지만 물건의 종류가 다양하지 않습니다. 또한 미국의 백화점은 고급 백화점과 서민용 백화점으로 나뉘어 각기 그것에 맞는 특색 있는 상품을 취급하고 있습니다.

슈퍼마켓과 전문점

슈퍼마켓과 전문점은 주택가에는 반드시 자리하고 있는 가게들입니다.

슈퍼마켓은 주로 식료품을 팔지만 일용잡화, 화장품, 잡지, 꽃 등도 취급하고 있으며 밤늦은 시간까지 영업하는 곳이 많습니다.

편의점(convenience store)은 슈퍼마켓보다 규모는 작지만 24시간 영업 하는 것이 보통이고 연중무휴입니다. 그렇지만 고기, 야채, 과일은 팔지 않는 것이 일반적입니다.

리커 스토어(liquor store)는 술 종류를 주로 파는 상점입니다. 잡화와 신문, 잡지, 담배 등의 일용품도 취급하고 있으며 늦은 시간까지 문을 여는 곳이 많습니다.

그외에 문방구점(stationary store)이나 전기용품점(electric store), 식료품점(grocery), 정육점(butcher) 등의 전문점에서 다양한 물건을 구입할 수 있습니다.

7. 쇼핑

01 기본회화

Point 1 맞춤 표현

둘러보는 중입니다.
Just looking.
줘스트 룩킹↘

블라우스를 찾고 있습니다.
I'm looking for a blouse.
아임 룩킹 풔-러 블라우스↘

저것 좀 보여 주시겠어요?
Would you show me that one?
으쥬 쇼우미 댓원↗

Point 2 유용하게 쓸 수 있는 표현

☐ (점원) 무얼 도와 드릴까요?
What can I do for you?
왓 캐나이 드 풔- 유↘

☐ 이것 만져 봐도 됩니까?
May I touch this?
메아이 터취 디스↗

☐ 이것 수제품입니까?
Is this hand-made?
이스 디스 핸메잇↗

☐ 이것은 무엇으로 만든 겁니까?
What is this made of?
와리스 디스 메이럽↘

□ 이것 얼마입니까?

How much is this?

하마취 이스 디스↘

□ 이것을 주십시오.

This one, please.

디스원 플리이스↘

□ (점원) 더 사실 것은 없습니까?

Anything else?

애니띵 에어스↗

□ 없습니다, 그게 전부입니다.

No, that's all.

노우 대츠 오어↘

□ 이것은 필요 없습니다.

I don't need this.

아이 돈 니잇 디스↘

□ 이 신용카드(여행자수표) 받나요?

Can I use this card (traveler's checks)?

캐나이 유-즈 디스 카-드(츄뤠블러-스 첵스)↗

어휘 뱅크

- ▶ 기념품점 **souvenir shop** 수버니어- 샵
- ▶ 시장 **market** 마-킷
- ▶ 벼룩시장 **flea market** 플리-마-킷
- ▶ 상인 **merchant** 머-천트
- ▶ 흥정 **negotiation** 니고우쉬에이션
- ▶ 태피스트리 **tapestry** 태피스츄뤼
- ▶ 도기 **ceramic** 씨뢰믹
- ▶ 자수품 **embroidery** 임브뤄이더뤼
- ▶ 유리세공 **glass work** 글래스 워-억
- ▶ 골프용품 **golf goods** 고어프 그즈
- ▶ 야외활동용품 **outdoor goods** 아웃도어- 그즈
- ▶ 낚시용구 **fishing tackle** 퓌슁 태커
- ▶ 서프보드 **surfboard** 써-업보어-엇
- ▶ 스키용품 **ski goods** 스키 그즈
- ▶ 테니스용품 **tennis goods** 테니스 그즈

7. 쇼핑

02 흥정할 때

Point 1 맞춤 표현

너무 비싸네요.
It's too expensive.
이츠 투 익스펜씹↘

좀 깎아 주시겠어요?
Can you give me a discount?
캐뉴 깁미 어 디스카운↗

깎아 주면 사지요.
If you give me a discount, I'll buy it.
이퓨 깁미 어 디스카운 아일 바이잇↘

Point 2 유용하게 쓸 수 있는 표현

☐ 더 싼 것은 없습니까?

Anything cheaper?

애니띵 취이퍼-↗

☐ 30달러에 안됩니까?

How about thirty dollars?

하우바웃 떠-리 달라-스↘

☐ 제 친구도 여기서 살 겁니다.

My friends will also shop here.

마이 프렌즈 위어 어어소우 샵 히어-↘

☐ 이것은 다른 가게에서는 60달러 하던데요.

This is sixty dollars at another store.

디스 이스 씩스티 달라-스 앳 어나더- 스토어-↘

☐ 할인하면 얼마입니까?

What's the price after discount?

와츠더 프라이스 애프터 디스카운↘

☐ 표시된 가격대로 받습니까?

Is the price as marked?

이스 더 프라이스 애즈 마아크드↗

☐ 20달러로 합시다.

Let's make it twenty dollars.

레츠 메이킷 트웨티 달라스↘

☐ 할부로 살 수 있습니까?

Can I buy it on credit?

캐나이 바이잇 안 크뤠릿↗

☐ 현금으로 사면 할인해 줍니까?

Do you give any discounts for cash?

드유 깁 에니 디스카운스 풔 캐쉬↗

어휘 뱅크

▶ 골동품점 **antique shop** 앤틱 샵 ▶ 모피 **fur** 풔- ▶ 손목시계 **watch** 와취
▶ 장난감 **toy** 토이 ▶ 카펫 **carpet** 카-핏 ▶ 상감세공 **inlaid work** 인레잇 워-억
▶ 부엌용품 **kitchenware** 키친웨어- ▶ 재떨이 **ashtray** 애쉬츄뤠이
▶ 맥주컵 **beer mug** 비어- 먹 ▶ 민속의상 **national costume** 내셔너어 카스츄움
▶ 티셔츠 **T-shirt** 티이 셔-엇 ▶ 수건 **towel** 타우어 ▶ 수영복 **swimsuit** 스윔수웃
▶ 선글래스 **sunglasses** 썬글래시즈 ▶ 뮤직박스 **music box** 뮤직박스
▶ 민예품 **folkcraft articles** 풔욱크래프트 아-리커어스
▶ 문방구 **stationery** 스테이셔네뤼

쇼핑

03 지불할 때

Point 1 맞춤 표현

이것 좀 계산해 주시겠어요?
Will you add these up for me?
위류 앳 디-접 풔 미↗

이것을 한국으로 보내 줄 수 있습니까?
Could you send it to Korea?
크쥬 센잇 트 커뤼아↗

하나씩 포장해 주세요.
Please wrap these one by one.
플리이스 랩 디-즈 원 바이 원↘

Point 2 유용하게 쓸 수 있는 표현

☐ 이것을 주세요.

This one, please.
디스 원 플리이스↘

☐ 계산을 어디서 합니까?

Where do I pay?
웨어 드아이 페이↘

☐ 전부 얼마입니까?

How much is it all together?
하우머취 이짓 오어 트게더↘

☐ 이 신용카드 됩니까?

Can I use this card?
캐나이 유-즈 디스 카-드↗

☐ 우송료는 얼마입니까?

How much is the postage?

하우머취 이스더 포우스티쥐↘

☐ 보증서는 있습니까?

With a guaranty?

위더 캐런티↗

☐ 한국까지 얼마나 걸립니까?

How long does it take to Korea?

하우롱 더짓 티잌트 커뤼아↘

☐ 거스름돈이 틀리는데요.

This is the wrong change.

디스이스더 렁 췌인쥐↘

☐ 다시 계산을 해 주시겠습니까?

Would you mind checking the bill again?

으쥬 마인 체킹더 빌 어겐↗

소핑

어휘 뱅크

- 지불하다 **pay** 페이
- 지불 **payment** 페이먼트
- 선금을 주다 **pay in advance** 페이인 어드밴-스
- 보증금(선금) **deposit** 디파짓
- 현찰가 **cash price** 캐쉬 프라이스
- 예산 **budget** 바짓
- 외상 **charge** 촤-쥐
- 현금 **cash** 캐쉬
- 현금으로 지불하다 **pay in cash** 페이인 캐쉬
- 수표 **check** 첵
- 여행자수표 **traveler's check** 츄레블러스 첵
- 회계 **cashier** 캐쉬어-
- 청구서(계산서) **bill** 빌, **check** 첵
- 명세서 **itemized bill** 아이터마이즈드 빌
- 영수증 **receipt** 뤼씨잇
- 거스름돈 **change** 췌인쥐

04 의류점에서

Point 1 맞춤 표현

입어 봐도 됩니까?
May I try this on?
메아이 츄롸이 디스안↗

더 작은(큰) 걸 주십시오.
A smaller(larger) one, please.
어 스몰러-(라-줘-) 원 플리이스↘

제 사이즈를 재 주시겠어요?
Would you measure me?
으쥬 메줘- 미↗

Point 2 유용하게 쓸 수 있는 표현

☐ 자켓 있습니까?
Do you have jackets?
드유 햅 재키츠↗

☐ 이걸로 사이즈 10 있습니까?
Do you have this in size 10?
드유 햅 디신 싸이즈 텐↗

☐ 이건 옷감이 뭐지요?
What kind of material is this?
왓 카인덥 매터뤼얼 이스디스↘

☐ 옷 갈아입는 곳은 어디에 있습니까?
Where's the fitting room?
웨어-스 더 퓌링 루움↘

☐ 이 스커트는 허리가 너무 끼는군요.

This skirt is too tight around the waist.

디스 스커엇 이스 투 타잇 아롸운더 웨이스트↘

☐ 이걸로 제 사이즈가 있나요?

Do you have this in my size?

드유 햅 디스 인마이 싸이즈↗

☐ 다른 색은 있습니까?

Do you have a different color?

드유 해버 디풔런 칼러-↗

☐ 제겐 작습니다.

It's small for me.

이츠 스모얼 풔 미↘

☐ 이 디자인은 마음에 들지 않습니다.

I don't like this design.

아이 돈 라익 디스 디자인↘

☐ 너무 야합니다.

It's too fancy.

이츠 투우 펜시↘

☐ 다른 것은 없습니까?

Do you have any other ones?

드유 해배니 아더 원스↗

어휘 뱅크

- ▶ 직물 **fabric** 퐈브뤽 ▶ 치수 **measurements** 메줘-먼츠 ▶ 같은 **same** 쎄임
- ▶ 다른 **different** 디풔런트 ▶ 꽃 무늬 **flower print** 플라우어- 프륀트
- ▶ 줄무늬 **stripe** 스츄롸입 ▶ 기성품 **ready-made** 뤠리 메잇
- ▶ 맞춤품 **custom-made** 카스텀 메잇 ▶ 화려한 **loud** 라웃 ▶ 수수한 **quiet** 크와이엇

소핑

05 가방가게, 신발가게에서

Point 1 맞춤 표현

샤넬백은 어디에 있습니까?
Where are the Chanel bags?
웨어- 아- 더 쇠너어-백스↘

이것은 재질이 무엇입니까?
What material is this?
왓 머티뤄어어 이스 디스↘

조깅화 좀 보여 주세요.
I'd like to see some running shoes.
아이드 라익트 씨- 썸 러닝 슈-즈↘

Point 2 유용하게 쓸 수 있는 표현

☐ 이것을 만져봐도 됩니까?
May I touch this?
메아이 터취 디스↗

☐ 이것은 인조 가죽인가요?
Is this artificial leather?
이스 디스 아-리퓌셔어 레더-↗

☐ 이 색으로 다른 모양의 것은 있습니까?
Do you have another type in this color?
드유 햅 어나더- 타입 인디스 칼라-↗

☐ 이것으로 검정색은 있습니까?
Do you have this in black?
드유 햅 디신 블랙↗

☐ 디자인이 다른 것은 없습니까?

Do you have any other designs?

드유 해배니 아더- 디자인스↗

☐ 발가락이 너무 낍니다.

They put too much pressure on my toes.

데이 풋 트 마취 프뤠셔 안마이 토-스↘

☐ 볼이 넓어요(좁아요).

These are too wide(narrow).

디-즈 아- 트 와이드(내뤄우)↘

☐ 이것은 진짜 가죽으로 만든 겁니다.

These are made of genuine leather.

디-즈 아- 메이덥 제뉴인 레더-↘

쇼핑

어휘 뱅크

▶ 핸드백 **purse**퍼-스/**handbag** 핸백 ▶ 숄더백 **shoulder bag** 쇼울더-백
▶ 소형가방 **second bag** 쎄컨 백 ▶ 서류가방 **brief case** 브뤼입 케이스
▶ 트렁크 **trunk**츄뢍크 /**suitcase** 수웃케이스 ▶ 지폐 넣는 지갑 **billfold** 비어뭐울드
▶ 신분증 넣는 지갑 **ID holder** 아이디이 호울더- ▶ 지갑 **wallet/purse** 월릿 퍼-스
▶ 동전 지갑 **coin purse** 코인 퍼-스 ▶ 악어가죽 **alligator** 앨리게이러-
▶ 구두 **shoes** 슈-즈 ▶ 샌달 **sandals** 샌들즈 ▶ 부츠 **boots** 부-츠
▶ 슬리퍼 **slippers** 슬리퍼즈 ▶ 너무 크다 **too large** 트 라-쥐
▶ 너무 작다 **too small** 트 스몰 ▶ 더 큰 사이즈 **larger size** 라-쥐 싸이즈
▶ 더 작은 사이즈 **smaller size** 스몰-러 싸이즈 ▶ 갈색 **brown** 브라운
▶ 검정색 **black** 블랙 ▶ 흰색 **white** 화잇 ▶ 스웨드 **suede** 스웨이드

06 여행용품 구입과 식료품점에서

Point 1 맞춤 표현

칫솔은 어디 있습니까?
Where are the toothbrushes?
웨어- 아- 더 투우쓰브뤄쉬즈↘

1회용 카메라 있나요?
Do you have disposable cameras?
드유 햅 디스포우저버어 캐머롸스↗

맛을 좀 봐도 되겠습니까?
Can I taste it?
캐나이 테이스팃↗

Point 2 유용하게 쓸 수 있는 표현

□ 손톱깎이 있습니까?
Do you have nail clippers?
드유 햅 네이어 클립퍼-스↗

□ 필름은 어디에서 살 수 있습니까?
Where can I buy film?
웨어- 캐나이 바이 퓌엄↘

□ 36장짜리 필름 한 통 주십시오.
A roll of film, 36 exposures.
어 로울업 퓌엄 떠-리씩스 익스포우줘-스↘

□ 이것과 똑같은 건전지 있습니까?
Do you have the same battery as this?
드유 햅 더 쎄임 배러뤼 애스 디스↗

☐ 이 근처에 즉석 현상소 있나요?

Is there a quick photo service near here?

이스데어뤄 크윅 훠우로우 써어비스 니어- 히어-⤴

☐ 신선한 양상추 있습니까?

Do you have fresh lettuce?

드유 햅 후레쉬 레터스⤴

☐ 이것들을 집까지 배달해 주실 수 있습니까?

Could you send these to my house?

크쥬 센 디-즈 트 마이 하우스⤴

어휘 뱅크

- ▶ 선탠크림 **sun-block cream** 썬블락 크뤼임 ▶ 화장품 **cosmetics** 카스메릭스
- ▶ 립스틱 **lipstick** 립스틱 ▶ 화장지 **tissue** 티슈우
- ▶ 생리대 **sanitary napkin** 쌔너테뤼 냅킨 /**sanitary towel** 쌔너테뤼 타우어
- ▶ 일회용 밴드 **Band-Aid** 밴데잇 ▶ 감기약 **cold medicine** 코울 메러슨
- ▶ 치약 **toothpaste** 투우쓰 페이스트 ▶ 건전지 **battery** 배러뤼
- ▶ 흑백필름 **black and white** 블랙 앤 화잇 ▶ 칼라필름 **color negative** 컬러 네거팁
- ▶ 스카치 테이프 **Scotch tape** 스카취 테입 ▶ 병따개 **bottle opener** 바틀 오프너
- ▶ 콜크따개 **corkscrew** 코-크스크류 ▶ 성냥 **matches** 매취즈
- ▶ 깡통따개 **can opener** 캔오프너 ▶ 네프킨 **paper napkins** 페이퍼 냅킨즈
- ▶ 비엔나소시지 **frankfurters** 프랑크 퍼터즈 ▶ 롤빵 **rolls** 롤즈 ▶ 설탕 **sugar** 슈거
- ▶ 밀가루 **flour** 플라우어 ▶ 계란 **eggs** 에그즈 ▶ 소금 **salt** 솔트
- ▶ 후추가루 **pepper** 페퍼 ▶ 피클 **pickles** 픽클즈 ▶ 빵 **bread** 브레드

07 귀금속, 악세사리점에서

Point 1 맞춤 표현

귀금속 매장은 어디입니까?
Where's the jewelry department?
웨어-스 더 쥬얼리 디파-앗먼트↘

이 보석은 무엇입니까?
What's this stone?
와츠 디스 스토운↘

보증서는 있습니까?
Does this come with a guarantee?
더스 디스 캄 위더 개런티이↗

Point 2 유용하게 쓸 수 있는 표현

☐ 이 팔찌 좀 보여 주세요.
Show me this bracelet, please.
쇼우미 디스 브뤠이슬릿 플리이스↘

☐ 왼쪽에서 두 번째 것 좀 보여 주세요.
Show me the second one from the left, please.
쇼우미 더 쎄컨 원 프람 더 레프트 플리이스↘

☐ 이것은 24금입니까?
Is this 24 carat gold?
이스 디스 트웨티 풔어- 캐럿 고울드↗

☐ 이것 순금입니까?
Is this real gold?
이스 디스 리얼 고울드↗

☐ 다이아몬드 반지를 좀 볼 수 있습니까?

Can I see some diamond rings?

캐나이 씨- 썸 다이어먼 링스⤴

☐ 이건 몇 캐럿입니까?

How many carats is this?

하매이 캐러츠 이스 디스⤵

☐ 이건 진짜입니까, 모조품입니까?

Is this a genuine or an imitation?

이스 디서 제뉘인 오어 안 이미테이션⤴

☐ 끼어봐도 되겠습니까?

May I try it on?

메아이 츄라잇 안⤴

☐ 이것을 선물용으로 포장해 주시겠습니까?

Would you please gift-wrap this?

으쥬 플리이스 기프트 뢥 디스⤴

쇼핑

어휘 뱅크

▶ 금세공 **gold work** 고울 워-억 ▶ 보석 **jewel** 쥬워어
▶ 인조보석 **artificial stone** 아-리퓌셔어 스토운 ▶ 탄생석 **birth stone** 버-쓰 스토운
▶ 넥타이핀 **tie clip** 타이 클립 ▶ 귀걸이 **pierced earrings** 피어-스트 이어륑스
▶ 귀걸이(귀에 거는) **clip-on earrings** 클리폰 이어륑스
▶ 커프스 링스 **cuff links** 카프 링크스 ▶ 목걸이 **necklace** 넥클리스
▶ 브로치 **brooch** 브뤄우취 ▶ 장식품 **charm** 촤암- ▶ 은그릇 **silverware** 씰버웨어
▶ 체인 **chain** 췌인 ▶ 화장도구 케이스 **vanity case** 배니티 케이스 ▶ 시계 **watch** 와취
▶ 손목시계 **wristwatch** 리스트 와치 ▶ 초침이 있는 **with a second hand** 위더 쎄칸 핸드
▶ 가죽밴드 **leather strap** 레더 스트랩 ▶ 보석함 **jewel box** 쥬얼 박스
▶ 자수정 **amethyst** 아메시스트 ▶ 에메랄드**emerald** 에머랄드 ▶ 금 **gold** 고울드
▶ 금박 **gold leaf** 고울드 리-프 ▶ 은 **silver** 씰버 ▶ 은도금 **silver plate** 씰버 플레이트
▶ 호박 **amber** 앰버 ▶ 산호 **coral** 코-럴 ▶ 진주 **pearl** 퍼-얼
▶ 수정 **crystal** 크리스털 ▶ 상아 **ivory** 아이버리 ▶ 비취 **jade** 제이드

08 카메라점, 안경점에서

Point 1 맞춤 표현

36장짜리 코닥 슬라이드 필름 주세요.
I want to buy Kodak reversal film of 36 exposures.
아이 원트 바이 코닥 리버셔어 퓌엄 업 떠리 씩스 익스포우줘-↘

이 카메라에 넣을 건전지 있습니까?
Do you have a battery for this camera?
드유 해버 배러뤼 풔 디스 캐머롸↗

셔터가 고장입니다.
The shutter doesn't work.
더 셔러 더즌 워억↘

Point 2 유용하게 쓸 수 있는 표현

☐ 렌즈 뚜껑 있습니까?

Do you have a lens cap?

드유 해버 렌즈 캡↗

☐ 이 카메라에 필름을 좀 넣어 주세요.

Please put a roll of film in this camera.

플리이스 푸터 뤄울럽 퓌엄 인디스 캐머롸↘

☐ 이 필름들을 현상해 주세요.

Develop these films, please.

디벨롭 디-즈 퓌엄스 플리이스↘

☐ 언제까지 됩니까?

When will it be ready?

웬 위릿비 레리↘

☐ **고장이 났는데요. 수리해 주시겠습니까?**

It's out of order. Could you check my camera?

이츠 아우롭 오어러↘. 크쥬 첵 마이 캐머롸↗

☐ **지금 고쳐 주실 수 있습니까?**

Can you repair it now?

개뉴 리페어릿 나우↗

☐ **언제 다 됩니까?**

When will it be done?

웬 위릿비 단↘

☐ **안경이 망가졌습니다.**

I have broken my glasses.

아이 햅 브로우큰 마이 글래씨스↘

☐ **전 근시입니다.**

I'm nearsighted.

아임 니어-싸이릿↘

☐ **콘택트렌즈를 떨어뜨렸습니다.**

I dropped my contact lens.

아이 쥬럽트 마이 컨택렌즈↘

☐ **새 안경을 맞추고 싶습니다.**

I want to get a new set of glasses.

아이 원트 게러 뉴우 세럽 글래씨스↘

☐ **검안을 부탁합니다.**

Please examine my eyes.

플리이스 이그제민 마이 아이스↘

04 화장품점, 면세점에서

Point 1 맞춤 표현

립스틱을 하나 사려고 합니다.
I'd like to buy a lipstick.
아이드 라익트 바이 어 립스틱↘

이 가게에서 면세로 물건을 살 수 있습니까?
Can I buy things duty-free here?
캐나이 바이 띵스 듀리 프뤼- 히어-↗

이거 면세입니까?
Is this duty-free?
이스 디스 듀리 프뤼-↗

Point 2 유용하게 쓸 수 있는 표현

□ 면세점은 어디 있습니까?
Where's a duty free shop?
웨어-저 듀리 프뤼- 샵↘

□ 이 립스틱을 주십시오.
This lipstick, please.
디스 립스틱 플리이스↘

□ 좀 더 진한 색을 주세요.
A deeper color, please.
어 디-퍼- 칼라 플리이스↘

□ 제 피부는 지성입니다.
My skin is very oily.
마이 스킨 이스 베뤼 오일리↘

☐ 이것을 면세로 살 수 있습니까?

Can I get this tax-free?

캐나이 겟 디스 택스 프뤼-↗

☐ 신용카드로 지불하겠습니다.

I'll pay with a credit card.

아일 페이 위더 크뤠릿 카-드↘

☐ 얼마나 사야 합니까?

How much do I have to buy?

하우머취 드아이 햅트 바이↘

☐ (면세로 사면) 얼마가 절약되는 겁니까?

How much will I be saving?

하우머취 윌라이 비 쎄이빙↘

☐ (세관에서 서류를 보여주고) 세금 환불 신청을 하려고 하는데요.

I'd like to apply for tax exemption.

아이드 라익트 어플라이 풔- 택스 익젬션↘

어휘 뱅크

▶ 세금 **tax** 택스 ▶ 면세 **duty-free** 듀리 프뤼- / **tax-free** 택스 프뤼-
▶ 세금 면제 **tax exemption** 택스 익젬션 ▶ 서류 **form** 풔-엄
▶ 수속 **procedure** 프뤄씨-줘- ▶ 세관 **customs office** 카스텀스 어퓌스
▶ 제출하다 **submit** 써브밋 ▶ 아이섀도우 **eye shadow** 아이 새도우
▶ 아이 라이너 **eye liner** 아이 라이너 ▶ 아이 펜슬 **eye pencil** 아이 펜슬
▶ 나이트 크림 **night cream** 나잇 크리임-
▶ 클린싱 크림 **cleansing cream** 클린싱 크리임-
▶ 보습 크림 **moisturizing cream** 모이스쳐라이징 크리임-
▶ 화운데이션 **foundation cream** 파운데이션 크리임-
▶ 화장지우개 **make-up remover pads** 메이컵- 리무버 패즈
▶ 화장수 **toilet water** 토일럿 워러 ▶ 향수 **perfume** 퍼퓸- ▶ 비누 **soap** 소-웁

10 교환, 반품할 때

Point 1 맞춤 표현

이것을 반품하고 싶습니다.
I want to return this.
아이 원트 뤼터언 디스↘

이것을 교환하고 싶습니다.
I'd like to exchange this.
아이드 라익트 익스췌인쥐 디스↘

이 스커트를 환불 받고 싶습니다.
I'd like a refund on this skirt.
아이드 라이커 뤼펀 안 디스 스커-트↘

Point 2 유용하게 쓸 수 있는 표현

☐ 어제 여기서 이걸 샀는데요.
I bought this here yesterday.
아이 보엇 디스 히어- 예스터데이↘

☐ 이걸 바꿔 주시겠어요?
Can I exchange this?
캐나이 엑스췌인쥐 디스↗

☐ 어디로 가야 합니까?
Where should I go?
웨어- 슈다이 고우↘

☐ 더럽습니다.
It's dirty.
이츠 더-리↘

☐ 망가졌습니다.

It's broken.

이츠 브뤄우큰↘

☐ 유리가 깨졌습니다.

The glass is broken.

더 글래스 이스 브뤄큰↘

☐ 찢어졌습니다.

It's ripped.

이츠 립트↘

☐ 사이즈가 맞지 않아요.

This is not my size.

디스 이스 낫 마이 싸이즈↘

☐ 영수증 여기 있습니다.

Here's the receipt.

히어-스 더 뤼씨잇↘

어휘 뱅크

▶ 교환 **exchange** 익스췌인쥐 ▶ 반품 **refund** 뤼펀
▶ 흠집이 있는 **scratched** 스크뢰취트 ▶ 풀린(올 등이) **unraveled** 안뢰버어드
▶ 금 / 균열 **crack** 크랙 ▶ 어제 **yesterday** 예스터-데이 ▶ 지금 **now** 나우
▶ 내일 **tomorrow** 터마뤄우 ▶ 출발하다 **leave** 리이브

● 옷·신발 사이즈 비교

▶ 의류

미국	2	4	6	8	10	12	14	16	18
	XS	S		M		L		XL	
한국(1)	44	55		66		77		88	
한국(2)	85	90		95		100		105	
이탈리아	36	38~40		42~44		46~48		50~52	
가슴둘레(in)	32	33~34		35~37		38~40		44	
허리둘레(in)	24	25~26		27~29		30~32		34	
엉덩이둘레(in)	34	35~36		37~39		40~42		44	

▶ 속옷

미국	0	2	4	6	8	10	12	14	16	18	20
	XXS	XS		S		M		L		XL	
한국	85	90		95		100		105		110	

▶ 신발

미국	6	6.5	7	7.5	8	8.5	9	9.5	10	10.5	11
한국(남)	235	240	245	250	255	260	265	270	275	280	285
한국(여)	230	235	240	245	250	255	260	265	270	275	280

인치(in)=2.54cm, 피트(ft)=30.48cm

● 의류 옷감 표시

	면	마	실크	양모	나일론	폴리에스텔
영어	cotton	linen	silk	wool	nylon	polyester
이탈리아어	il cotone	il lino	la seta	la lana	il nylon	il polyester
프랑스어	lo coton	le lin	la soie	la laine	le nylon	il polyester

SCENE

08

긴급상황

Contents

각종 사고시 대처 요령

사고	대처 요령
여권을 잃어버렸을 때	거주하는 국가의 한국 공관에 연락하여 재발급을 받아야 합니다. 이때를 대비하여 여권과 비자 사본을 따로 보관하고 있으면 좋습니다. 여권 재발급시 여권용 사진도 필요합니다.
항공권을 잃어버렸을 때	항공권을 분실했을 때에는 해당 항공사 지점이나 지사로 연락을 취해 항공권을 재발급 받아야 하는데, 이때 항공권 사본이 있으면 즉시 재발급을 받을 수 있으나, 그렇지 않을 경우에는 절차가 매우 복잡하며, 때로는 항공권을 재구입해야 하는 경우도 있으므로 유의하기 바랍니다. 현지에서 항공권을 새로 구입한 경우에는 귀국 후에 분실 항공권에 대한 발급확인서를 받고 새로 구입한 항공권의 승객용 티켓과 신분증을 가지고 해당 항공사에 가면 현금으로 환불 받을 수 있는데 소요되는 기간은 약 3개월 정도입니다.
신용카드, 여행자수표를 잃어버렸을 때	현지 신용카드, 여행자수표 발행처에 전화해서 분실신고를 하고 절차를 알아봐야 합니다. 분실 증명확인서(Police Report)가 필요할 때는 현지 경찰서에 신고해서 받아 둡니다. 사용하지 않은 여행자 수표를 분실했을 경우에는 수표발급시 은행에서 제공하는 발행증명서, 분실한 수표의 일련번호, 여권, 기타 신분증을 가지고 분실시 재발급받을 수 있는 현지지점에 신고 후 재발급을 받습니다. 국내에서 여행자 수표를 구입할 때 현지지점의 연락처를 미리 알아 놓고 발행된 수표의 일련번호를 따로 적어놓는 것이 좋습니다.
도난을 당했을 때	절도를 당한 즉시 가장 가까운 경찰서로 가서 반드시 분실 증명확인서를 받아야 합니다. 분실 증명확인서는 물건을 도난당한 본인이 직접 경찰서로 가서 분실한 여행객 인원수대로 각각 별도로 작성하여야 합니다. 이는 보험으로 처리될 수 있는 휴대품 분실에 대한 보상 한도액은 최대 개당 20만원이므로 일행이 모두 도난을 당했거나 도난품이 50만원 이상일 때는 반드시 나누어 보고해야만 피해액에 근접한 보상을 받을 수 있기 때문입니다. 경찰서에서 신분증을 확인하므로 여권까지 분실한 경우를 대비해서 여권 사본을 준비해 둡니다. 보험 처리를 위한 서류는 다음과 같습니다. ① 분실 증명확인서 ② 손상품 수리 견적서(영수증 포함) ③ 여권 사본 ④ 본인 통장 사본 및 인적사항
병이 났을 때	우선 병원에 가거나 의사를 불러서 진료 및 치료를 받아야 합니다. 치료비 지불은 신용카드로 하는 것이 좋고 보험 처리를 위해 의사 소견서 및 치료비 영수증을 받아두어 귀국 후 보험 처리를 합니다.

사고	대처 요령
부상을 당했을 때	여행중 입은 상해는 치료비 한도가 3백만원으로(사망시 최고 보상 한도 5천만원 가입시) 귀국 후 보상을 받을 수 있습니다. 현지에서 발생한 치료 비용은 본인이 지불해야 하며 귀국 후 보험이 처리된 다음 본인 소유의 통장 계좌로 직접 송금됩니다. 보험처리를 위해 보험사에 제출해야 하는 서류는 다음과 같습니다. ① 의사 소견서 ② 치료비 영수증 ③ 치료비 명세서(또는 치료비 명세가 적힌 영수증) ④ 본인의 통장 사본과 인적 사항(주소, 전화번호, 주민등록번호)
교통사고를 당했을 때	가해자가 현장에 있을 경우는 구급차를 불러서 동승하고 병원으로 이동합니다. 경찰에 연락하여 입회하에 가해자의 주소, 성명 등을 기록해 둡니다. 가해자가 현장에 없었을 경우는 통보자로부터 사고내용을 상세히 듣고, 피해자가 있는 장소(병원, 경찰서)로 가서 경찰서에 피해자의 성명, 사고 발생 장소, 사고내용 등을 보고 합니다. 주재원 또는 재외공관, 호텔, 현지여행사, 병원 관계자에게 연락하여 사후조치에 대한 협조를 의뢰합니다. 단독 배낭여행자인 경우 재외 공관에 연락하여 다음과 같은 사항을 보고 합니다. ① 피해자의 성명 ② 병원명 ③ 상태 보험회사에 연락하여 상황을 설명하고 지시를 받고 피해자 가족에게 연락을 부탁합니다. 가해자와의 교섭은 대사관원을 중재로 하여 경찰서에서 하고 보상 등은 후유증 등의 관계로 결론을 내리지 말아야 하고 상대방에게 사고를 일으킨 것을 인정하는 문서를 쓰게 합니다.
교통사고를 냈을 때	교통 사고를 일으켜 가해자의 입장이 되었을 때에는 우선 사고 상황을 경찰에 신고합니다. 상대방이 부상을 당했을 때는 의사에게 가야할 의무가 있습니다. 피해자에게 다음과 같은 사항을 알려줍니다. ① 성명 ② 주소 ③ 차량번호 인사사고의 경우 즉시 해외공관에 연락합니다. 사상사고인 경우 가장 빠른 방법을 이용해서 경찰에 통보합니다. 이 의무를 이행하지 않으면 무거운 형벌을 받을 수 있습니다. 피해자의 성명, 주소, 손해의 정도 등을 알아 둡니다.

01 도난과 사고

Point 1 맞춤 표현

도와 주세요!
Help!
헤업

(주위 사람에게) 경찰을 불러 주세요.
Call the police.
커어 더 폴리이스

(전화번호를 보여주며) 한국대사관으로 전화해 주세요.
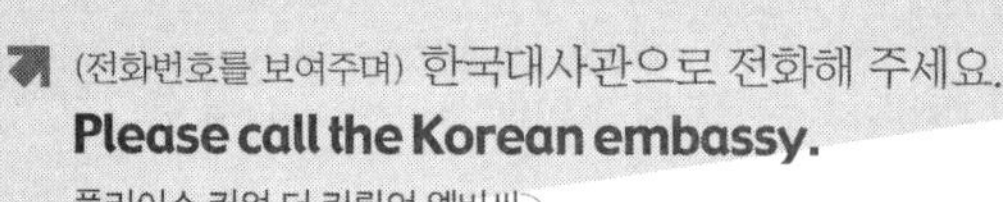
Please call the Korean embassy.
플리이스 커얼 더 커뤼언 엠버씨

Point 2 유용하게 쓸 수 있는 표현

☐ 소매치기다!
Pickpocket!
픽파킷

☐ 저 놈을 잡아 주세요!
Catch him!
캐췸

☐ 경찰을 부를 겁니다.
I'll call the police.
아이 커어 더 폴리이스

☐ 여기서 빨간색 가방을 못 보셨나요?
Didn't you see a red bag here?
디든츄 씨- 어 뤳백 히어-

☐ 분실물 보관소는 어디입니까?

Where is the lost and found office?

웨어리스더 로스탠 퐈운 어-퓌스↘

☐ 열차 안에 가방을 두고 내렸습니다.

I left my bag on the train.

아이 렙트 마이 백 안더 츄레인↘

☐ 가방을 도난당했습니다.

My baggage was stolen.

마이 배기쥐 워스 스토울른↘

☐ 찾으면 여기로 연락을 부탁합니다.

Please call me at this number, if you find it.

플리이스 커어 미 앳 디스 넘버 이퓨 퐈인잇↘

☐ 부상을 당했습니다.

I got hurt.

아이 갓 허엇↘

☐ 경찰과 구급차를 불러 주세요.

Please call the police and an ambulance.

플리이스 커어더 폴리이스 앤언 앰뷸런스↘

☐ 한국어를 할 수 있는 분 계십니까?

Is there someone who can speak Korean?

이스데어 썸원 후 캔 스피익 커뤼언↗

긴급상황

어휘 뱅크

▶ 긴급사태 **emergency** 이머-전씨 ▶ 사기 **fraud** 프뤄-드 ▶ 강탈 **snatching** 스내칭
▶ 날치기 **baggage thief** 배기쥐 띠이프 ▶ 도난 **theft** 떼프트 ▶ 분실 **loss** 로스
▶ 구급차 **ambulance** 앰뷸런스 ▶ 순찰차 **police car** 폴리이스 카-

8. 긴급상황

02 의사를 부를 때

Point 1 맞춤 표현

의사선생님 좀 불러 주시겠습니까?
Would you send for a doctor?
으쥬 쎈 풔러- 닥터-↗

여기는 1506호입니다.
This is 1506.
디스 이스 피프틴 오우씩스↘

배가 아픕니다.
I have a stomachache.
아이 해버 스타머케익↘

Point 2 유용하게 쓸 수 있는 표현

☐ 몸이 좀 좋지 않습니다.
I'm not feeling well.
아임 낫 퓔링 웰↘

☐ 응급입니다. 친구 다리가 부러졌습니다.
This is an emergency, my friend broken his leg.
디시즈안 이머-젼씨 마이 프렌 브뤄우큰 히스 렉↘

☐ 얼마나 기다려야 합니까?
How long must I wait?
하우롱 마스타이 웨잇↘

☐ 서둘러 주시겠어요?
Could you hurry, please?
크쥬 허뤼 플리이스↗

☐ 저를 병원으로 데려다 주세요.

Take me to the hospital, please.

테익 미 트 더 하스피러어 플리이스↘

☐ 구급차를 불러 주세요.

Call an ambulance, please.

컬런 앰뷸런스 플리이스↘

• 신체

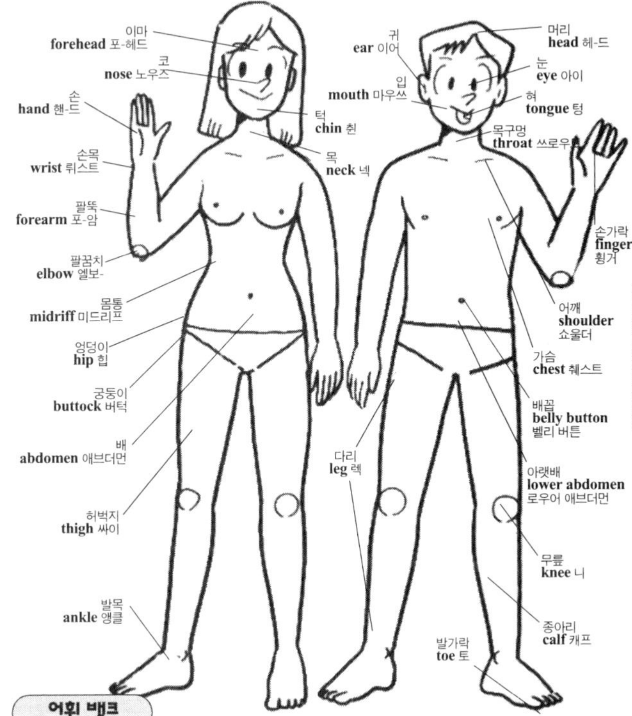

어휘 뱅크

▶ 한국어를 하는 의사 **Korean speaking doctor** 커뤼언 스피이킹 닥터-

▶ 병 **sickness** 씩니스 ▶ 부상 **injuries** 인쥬어뤼스 ▶ 증상 **symptom** 씸텀

▶ 내과의사 **physician** 퓌지션 ▶ 외과의사 **surgeon** 써-젼

▶ 치과의사 **dentist** 덴티스트 ▶ 안과의사 **oculist** 아큘리스트

긴급상황

03 증상을 설명할 때

Point 1 맞춤 표현

여기가 아픕니다.
I have a pain here.
아이 해버 페인 히어-

설사가 심합니다.
I have bad diarrhea.
아이 햅 뱃 다이어뤼아

변비가 있습니다.
I am constipated.
암 칸스터페이릿

Point 2 유용하게 쓸 수 있는 표현

☐ (의사) 어디가 아프십니까?
What's wrong with you?
와츠 롱 위듀

☐ 감기 걸렸습니다.
I have a cold.
아이 해버 코울드

☐ 열이 있습니다.
I have a fever.
아이 해버 퓌버-

☐ 식욕이 없습니다.
I have no appetite.
아이 햅 노우 애퍼타잇

☐ 잠을 잘 수가 없습니다.

I can't sleep.

아이 캔 슬리입↘

☐ 구토가 납니다.

I feel nauseous.

아이 퓌어 너-셔스↘

☐ 기침이 납니다.

I have a cough.

아이 해버 커-프↘

☐ 어제부터입니다.

Since yesterday.

씬스 예스터-데이↘

☐ 이것은 한국에서 의사가 써 준 것입니다.

This is from my doctor in Korea.

디스 이스 프럼 마이 닥터- 인 커뤼아↘

☐ 여행을 계속해도 되겠습니까?

May I continue my traveling?

메아이 컨티뉴 마이 츄뤄버링↗

어휘 뱅크

- ▶ 혈액형 **blood type** 블랏 타입
- ▶ 진찰하다 **examine** 익재민
- ▶ 오한 **chills** 춰어스
- ▶ 어지러운 **dizzy** 디지
- ▶ 전신 **all over** 얼러버-
- ▶ 욱신욱신 쑤시는 **throbbing** 뜨롸빙
- ▶ 오줌 **urine** 유륀
- ▶ 피가 나는 **bleeding** 블리이링
- ▶ 가려운 **itchy** 잇취
- ▶ 통증 **pain** 페인
- ▶ 알레르기 **allergy** 앨러-쥐
- ▶ 식중독 **food-poisoning** 푸웃 포이즈닝
- ▶ 과음 **drink too much** 쥬륑 투 마취
- ▶ 과식 **eat too much** 이잇 투머취
- ▶ 소화불량 **indigestion** 인다이줴스쳔
- ▶ 신경통 **neuralgia** 뉴뢰어좌
- ▶ 두드러기 **hive** 하이브
- ▶ 폐렴 **pneumonia** 뉴-모우니아

04 보험과 약국

Point 1 맞춤 표현

(처방전을 주고) 이 약을 조제해 주십시오.
Fill this prescription, please.
필 디스 프뤼스크립션 플리이스↘

여기서 위장약 좀 살 수 없습니까?
Can I buy any stomach pills here?
캐나이 바이 에니 스터먹 필스 히어-↗

진통제 좀 주세요.
I need a pain reliever.
아이 니더 페인 리뤼버-↘

Point 2 유용하게 쓸 수 있는 표현

☐ 지금은 훨씬 좋아졌습니다.

I feel much better now.

아이 퓌어 마취 베러- 나우↘

☐ 진단서를 써 주시겠습니까?

Would you give me a medical certificate?

으쥬 기미 어 메리커어 써-티퓌킷↗

☐ (보험용지를 주며) 이 양식을 작성해 주세요.

Fill out this form, please.

퓔라웃 디스 풔-엄 플리이스↘

☐ 예정대로 여행을 해도 되겠습니까?

Can I travel as scheduled?

캐나이 츄뢰버어 애스 스케쥬엇↗

☐ 이 아픈데 잘 듣는 약 있습니까?

Do you have something for a toothache?

드유 햅 썸띵 풔러 투우쓰에익↗

☐ 아스피린 좀 주세요.

I'd like some aspirin.

아이드 라익 썸 애스피린↘

☐ 안에 몇 정이 들어 있습니까?

How many tablets does it contain?

하메니 태브리츠 더짓 컨테인↘

☐ 한 번에 몇 정 먹어야 됩니까?

How many tablets should I take at a time?

하메니 태브리츠 슈다이 테익 애러 타임↘

☐ 이 약은 어떻게 먹는 겁니까?

How do I take this medicine?

하우 드아이 테익 디스 메러슨↘

☐ 매 식사후 드십시오.

Take it after every meal.

테이킷 애프터- 에브뤼 미어↘

긴급상황

어휘 뱅크

- ▶ 보험증 **insurance policy** 인슈어런스 팔러씨
- ▶ 진단서 **medical certificate** 메러커어 써-티풔컷 ▶ 양식 **form** 풔-엄
- ▶ 처방전 **prescription** 프뤼스크립션 ▶ 약국 **pharmacy** 퐈-머씨
- ▶ 약 **medicine** 메러슨 ▶ 매 식전 **before every meal** 비풔- 에브뤼 미어

주미 한국대사관 연락처

- 주소 : 2450 Massachusetts Av., N.W. Washington, D.C. 20008
- 전화 번호 : (202) 939-5600(대표)
- FAX : (202) 797-0595

도량형 환산표

길이

미터법		야드·파운드법			
미터(m)	킬로미터(km)	인치(in)	피트(ft)	야드(yd)	마일(mil)
1	0.001	39.3701	3.280	1.0936	0.00062
1000	1	39370.1	3280	1093.61	0.6213
0.0254	0.00003	1	0.083	0.0277	0.00001
0.3048	0.00030	12.00	1	0.3333	0.00019
0.9144	0.00091	36.00	3.00	1	0.00057
1609.31	1.60934	63360	5280	1760	1

무게

미터법		야드·파운드법		
그램(g)	킬로그램(kg)	톤(t)	온스(oz)	파운드(lb)
1	0.001	–	0.03527	0.0022
1000	1	0.001	35.273	2.204
–	1000	1	35273	2204.6
28.349	0.028	0.00002	1	0.0625
453.59	0.453	0.0004	16.00	1

넓이

미터법		야드·파운드법	
아르(g)	평방미터(m^2)	에이커(acre)	평방마일(mi^2)
1	0.0001	0.025	0.00004
1000	1	247.11	0.386
40.468	0.004	1	0.002
25898.9	2.58989	640.0	1

용량

미터법		야드·파운드법				
리터(l)	입방미터(m^3)	입방인치(in^3)	입방피트(ft^3)	쿼트(quart)	미갤론(U.S.gal)	영갈론(U.K.gal)
1	0.001	61.0271	0.03531	1.05672	0.26418	0.21998
1000	1	61027.1	35.3165	1056.72	264.186	220.216
0.01638	–	1	0.00057	0.01728	0.0042	0.0036
28.3168	0.02831	1728	1	29.92	7.48051	6.22
0.94635	0.00094	57.75	0.03342	1	0.25	0.208
3.78543	0.00378	231	0.13368	4.00	1	0.833
4.546	0.0045	277.26	0.1608	4.80	1.200	1

부록

자유자재로 말을 할 수 있게 해주는 영어회화 **기본패턴**

Contents

요청할 때, 승낙을 구할 때

무엇인가를 부탁할 때는 원하는 것에 please만 붙여도 의사는 전달됩니다. 즉, A coffee, please.는 '커피 주세요' Check, please.는 '계산서 주세요' 라는 의미가 됩니다. 이것을 완전한 문장으로 말하려면 I'd like(I would like의 축약형)이나 I want 뒤에 원하는 것(명사)을 말하면 됩니다.

자신이 '~를 하고 싶다' 고 할 때에는 I'd like to 나 I want to 뒤에 하고자 하는 행위(동사)를 말하면 되고, 상대방이 해 주길 바랄 때는 I'd like you to 다음에 행위를 말하면 됩니다. 여기에, please를 붙이면 공손한 표현이 됩니다.

커피 한 잔 주십시오.

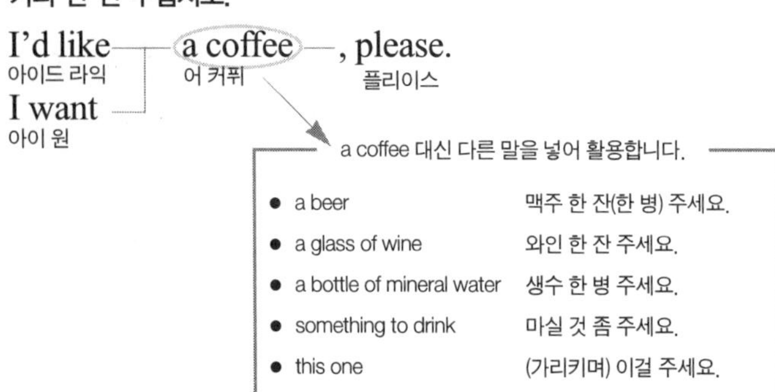

I'd like
아이드 라익
I want
아이 원
a coffee
어 커퓌
, please.
플리이스
a coffee 대신 다른 말을 넣어 활용합니다.
a beer 맥주 한 잔(한 병) 주세요.
a glass of wine 와인 한 잔 주세요.
a bottle of mineral water 생수 한 병 주세요.
something to drink 마실 것 좀 주세요.
this one (가리키며) 이걸 주세요.

뮤지컬을 보고 싶습니다.

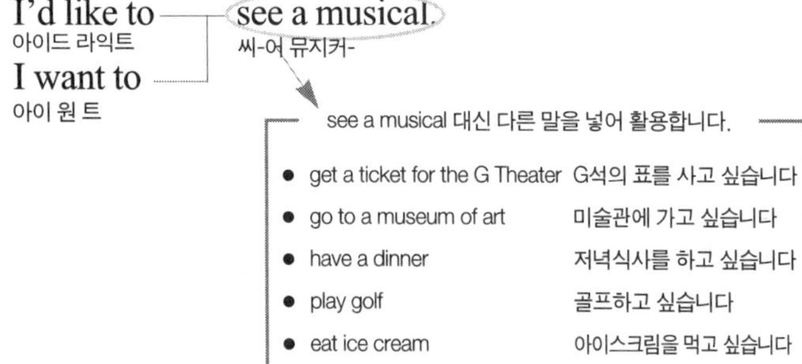

I'd like to
아이드 라익트
I want to
아이 원 트
see a musical.
씨-어 뮤지커-
see a musical 대신 다른 말을 넣어 활용합니다.
get a ticket for the G Theater G석의 표를 사고 싶습니다
go to a museum of art 미술관에 가고 싶습니다
have a dinner 저녁식사를 하고 싶습니다
play golf 골프하고 싶습니다
eat ice cream 아이스크림을 먹고 싶습니다

저와 함께 가 주셨으면 해요.

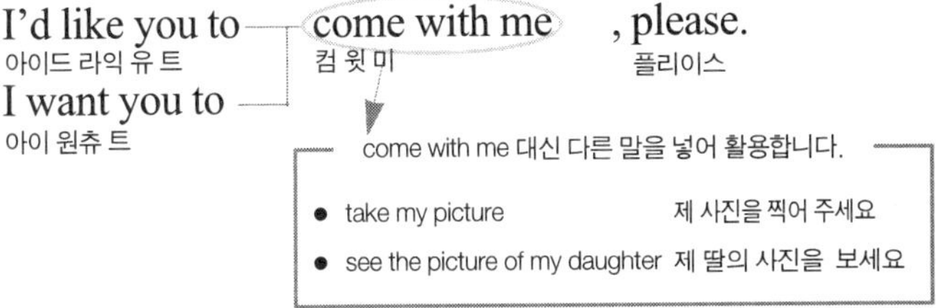

I'd like you to
아이드 라익 유 트
I want you to
아이 원츄 트
come with me
컴 윗 미
, please.
플리이스
come with me 대신 다른 말을 넣어 활용합니다.
take my picture
제 사진을 찍어 주세요
see the picture of my daughter
제 딸의 사진을 보세요

다음은 상대에게 부탁하거나 의뢰할 때 쓸 수 있는 어법입니다. 간단히 쓸 수 있는 것은 'Please+동작을 나타내는 말(동사)' 입니다. 동사만 말하면 '해라, 하세요' 라는 명령이 되므로 Please를 붙여 '~해 주세요' 라는 공손한 표현을 만듭니다.

Will you ~?, Would you ~?, Can you ~?, Could you ~? 도 많이 쓰이는 표현입니다. Will(Would) you ~?는 '~해 주시겠습니까?' , Can(Could) you ~?는 '~할 수 있겠습니까?' 라는 상대방의 사정(형편)을 묻는 것입니다. Would you ~?, Could you ~?는 Will you ~?, Can you ~? 보다 정중한 표현입니다.

이들 표현은 모두 다음에 동작을 나타내는 말(동사)을 붙여 여러가지 다양한 표현을 할 수 있습니다.

5인석을 예약해 주세요.

Please reserve a table for five (person).
플리이스 뤼저버 테이버 풔 퐈입 (퍼-슨)

이말 대신 다른 말을 넣어 활용합니다.

- cancel my reservation 예약을 취소해 주십시오
- call a taxi for me 택시를 불러 주십시오

커피 한 잔 갖다 주시겠어요?

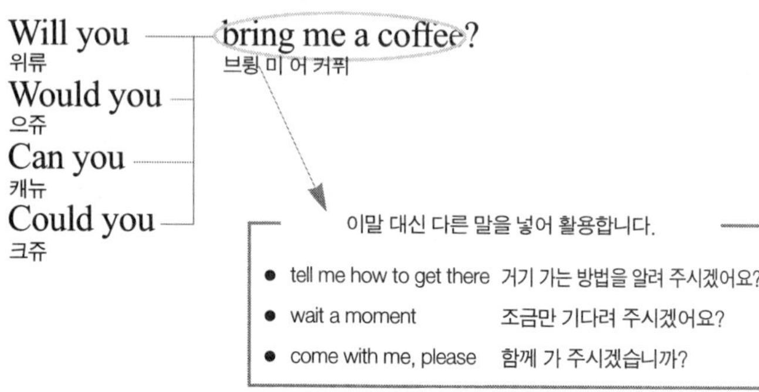

Will you
위류
Would you
으쥬
Can you
캐뉴
Could you
크쥬
bring me a coffee?
브륑 미 어 커퓌
이말 대신 다른 말을 넣어 활용합니다.
tell me how to get there 거기 가는 방법을 알려 주시겠어요?
wait a moment 조금만 기다려 주시겠어요?
come with me, please 함께 가 주시겠습니까?

잠깐 동안이라도 다른 사람의 승낙을 구해야 할 경우가 있습니다. 특히, 해외여행 시에는 자주 확인해 보는 것이 좋습니다.

이때는 May I ~? 나 Can I ~?를 이용하는데 뒤에 동사를 붙여 활용합니다.

여기 앉아도 됩니까?

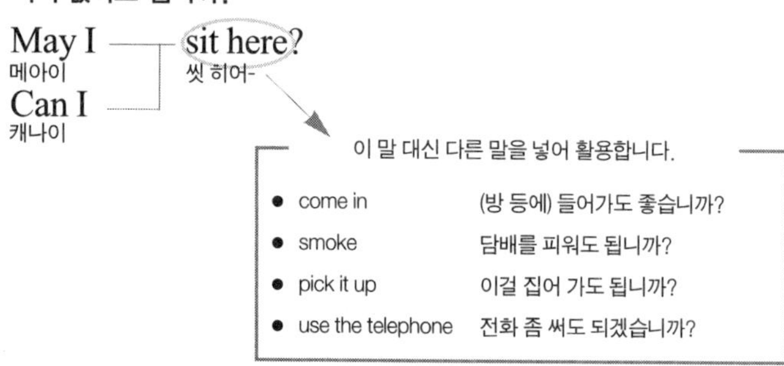

May I
메아이
Can I
캐나이
sit here?
씻 히어-
이 말 대신 다른 말을 넣어 활용합니다.
come in (방 등에) 들어가도 좋습니까?
smoke 담배를 피워도 됩니까?
pick it up 이걸 집어 가도 됩니까?
use the telephone 전화 좀 써도 되겠습니까?

물을 때

물을 때는 목적에 따라 여러가지 의문사를 사용할 수 있습니다. 의문사에는 What? / Who? / Where? / When? / Why? / How? / Which? 등 7종류가 있습니다.

1. What은 사물이나 사람의 실체, 내용, 본질을 묻습니다.

What's the price? 가격이 얼마입니까?
와츠 더 프라이스

- What's the man? 저 남자는 어떤 사람입니까?
- What's the number? 번호는 몇 번입니까?
- What's the reason? 이유는 무엇입니까?
- What did you say? 뭐라고 하셨습니까?

2. Who는 사람에 관한 정보를 묻습니다.

Who's responsible? 책임자가 누굽니까?
후스 뤼스펀써버

- Who did they call now? 지금 누굴 불렀습니까?
- Who is he(she)? 그(그녀)는 누굽니까?

3. Where는 장소 또는 위치를 묻습니다.

Where is the station? 역이 어디 있습니까?
웨어 리스 더 스테이션

- Where's the rest room? 화장실은 어디에 있습니까?
- Where's the dining room? 식당은 어딥니까?
- Where should I go? 어디로 가야 합니까?

4. When은 시간이나 시기를 묻습니다.

When will you answer me? 언제 대답을 주시겠어요?
웬 위류 앤써 미

- When do we start boarding? 탑승은 언제입니까?
- What time should I come? 몇 시에 와야 합니까?

※ 정확한 시간을 물을 때는 What time?을 씁니다.

5. Why는 이유를 묻습니다.

Why (does it come to) this amount?
와이 (더짓 컴트) 디스 어마운 왜 이런 금액이 나온 겁니까?

- Why is the train delayed? 열차는 왜 늦습니까?

6. How는 상태, 방법, 정도 등을 묻습니다.

How is your family? 가족분들은 어떻게 지내세요?
하우 이스 유어 패밀리

- How did you open this bag? 이 가방은 어떻게 열었습니까?
- How many persons on the tour? 여행 참가자는 몇 명입니까?

7. Which는 (눈 앞에 있는)사람이나 사물을 가리키거나 선택할 때 씁니다.

Which bus goes to the airport?
위취 버스 고우스트 디 에어포엇 어느 버스가 공항으로 갑니까?

- Which gentleman is Mr. Smith? 누가 스미스 씨입니까?
- Which would you like? 어느 것이 마음에 드십니까?

의문사를 이용하지 않는 의문문으로 대표적인 것이 Do you have ~? (당신은 ~을 가지고 있습니까?, ~ 있습니까?)와 Are you ~? (당신은 ~입니까?)입니다. be동사를 쓴 문장은 Are you ~?, Is he(she)~?와 같이 be동사를 앞으로 냅니다. be동사 이외에는 문두에 Do를 붙입니다.

의문사를 이용하지 않은 의문문

Do you have children's clothing? 아동복 있습니까?
드유 햅 췰드런스 클로우딩

- Do you have a fixed menu? 정식 있습니까?
- Do you have your visiting card? 출입 카드 가지고 계세요?
- Do they make refunds? 저 가게는 환불해 줍니까?
- Does he know I'm here? 제가 여기에 있는 걸 그가 아나요?
- Are you sick? 아프세요?
- Are you serious? 진정이세요?
- Is that lady your mother? 저 여자분이 당신의 어머니입니까?
- Is this brochure free? 이 팜플렛은 무료입니까?
- Is there anything in another color? 다른 색은 있습니까?
- Are there rooms available? 빈 방 있습니까?

부정할 때

부정할 때는 not을 이용합니다. 질문에 대한 대답이 부정일 때는 No, ~ not의 패턴으로 말하는데 No.만으로도 부정의 의사를 전달할 수 있습니다.

권유를 거절할 때는 No, thank you.라고 하는데 thank you를 붙이면 공손하게 거절하는게 됩니다.

be동사의 부정은 am not, is not(isn't), are not(aren't)입니다. be동사 이외에는 do(does)를 이용해서 do not(don't), does not(doesn't)로 하며, will, would, can, could, may 등은 그대로 will not(won't), cannot(can't), may not으로 하면 됩니다.

이상은 동사를 not으로 부정하는 패턴이지만 명사를 부정하려면 no+명사 또는 no one, nobody를 이용하면 됩니다.

부정문에는 not을 붙입니다.

No, I don't want it. 아뇨, 그건 필요 없습니다.
노 아이 돈 원 잇

- No, I don't have that much money. 아뇨, 그만한 돈은 없습니다
- I can't accept your offer. 당신의 제의를 받아들일 수 없습니다
- I won't go sightseeing today. 오늘은 관광하지 않겠습니다
- I am not his secretary. 나는 그의 비서가 아닙니다
- We won't take a morning flight. 우리는 오전편 비행기를 타지 않겠습니다
- He doesn't know what to do. 그는 무얼 해야 할 지 모릅니다
- They don't serve us very quickly. 그들의 서비스는 그렇게 신속하지 않아요
- No one knows it. 아무도 그것을 모릅니다
- There's nobody in the lobby. 로비에는 아무도 없습니다
- I need no advice. 조언은 필요 없습니다
- No charge is necessary. 요금은 필요 없습니다

상태를 말할 때

사람이나 사물의 상태를 말할 때는 보통 'be동사+형용사·명사' 패턴을 이용합니다. be동사는 '~이다' 라는 의미로 인칭, 수(단수,복수), 시제(현재, 과거)에 따라 형태가 변하므로 주의해야 합니다. 형용사, 명사 자리에 여러가지 단어를 넣어서 활용할 수 있습니다.

'be동사+형용사(명사)' 패턴

I am hungry. 배가 고파요.
아이 앰 헝그뤼

• I'm sick.	아픕니다
• I feel sick.	아픈 것 같습니다
• I'm not satisfied.	불만입니다
• I was a teacher.	나는 교사였습니다
• I got excited.	재미있었습니다
• You're(You are) beautiful.	아름답습니다
• This dish is tasty.	이 요리는 맛있습니다
• My son plans to become a doctor.	아들은 의사가 될 계획입니다
• Our flight was smooth.	비행은 쾌적했습니다.
• The man got angry.	그 사람 화가 났습니다
• They were kind to me.	그들은 친절했습니다

동작을 말할 때

자신이나 다른 사람의 행위를 말할 때는 '주어+동사(동작, 행위를 나타내는)' 패턴을 이용합니다. 이 경우 동사만으로 완결되는 패턴(A)과 뒤에 목적어를 필요로 하는 패턴(B)이 있습니다. (A)패턴에서 여행자가 자주 사용하는 말은 go(가다), walk(걷다), arrive(도착하다), fly(비행기로 가다) 등이 있고 전치사를 필요로 합니다. 따라서, go to, walk to, arrive at, fly to 처럼 전치사와 함께 외워두는 것이 좋습니다. (B)패턴에서는 have(가지고 있다), buy(사다), cancel(취소하다) 등의 동사가 주로 쓰이며 뒤에 '무엇을' 에 해당하는 목적어가 옵니다.

'주어+일반동사' 패턴

I must go to the station right now.

아이 머스트 고우트 더 스테이션 롸잇 나우　　지금 바로 역으로 가야 합니다.

- I'll walk to my hotel.　　호텔까지 걸어갈 겁니다
- He'll arrive at his hotel soon.　　그는 곧 호텔에 도착할 겁니다
- We leave from JFK.　　우리는 케네디 공항에서 떠납니다
- They will fly to London.　　그들은 비행기로 런던에 갈 겁니다
- We are traveling with a group.　　우리는 단체여행을 하고 있습니다

'주어+일반동사+목적어' 패턴

I'd like to cancel my reservation.

아이드 라익트 캔써어 마이 뤠져베이션　　예약을 취소하고 싶습니다.

- I'd like to make a reservation.　　예약을 하고 싶습니다
- I have some money.　　돈이 좀 있습니다
- I'm looking for this shop.　　이 가게를 찾고 있습니다
- I broke a glass by mistake.　　실수로 컵을 깼습니다
- She wants to buy a dress.　　그녀는 드레스를 사고 싶어합니다
- The toilet doesn't flush.　　화장실 물이 내려가지 않습니다
- Do you play golf?　　골프 하십니까?
- Can you take me there?　　저를 그곳에 데려다 주시겠습니까?